王子辞典 The NEW WAVE

タイムマシンラボ 編著

太田出版

CONTENTS

Nakagawa

優しい笑顔で全女子を包み込む
愛され王子

中川大志

肩書き — 俳優　生年月日 — 1998年6月14日
出身 — 東京都　デビュー — 2008年

Blog — https://ameblo.jp/nakagawa-sd/

『花のち晴れ～花男 Next Season～』(TBS系)の"馳 天馬"役で、
誰もが憧れる王子っぷりを発揮した中川大志くん。
その素顔も、ひとなつっこい笑顔と、話しやすい雰囲気を持つ、まさに"愛され男子"。
今をときめく彼に、恋愛のこと、お芝居のことについて迫ります。

撮影＝飯田かずな　取材・文＝吉田可奈　ヘアメイク＝及川美紀　スタイリスト＝内田あゆみ(creative GUILD)

Taishi

ジャケット・パンツ ¥28,000(コスチューム ナショナル／CN ジャパン)☎03-4335-7772、シャツ ¥12,000(Old Park／O代官山2号店)☎03-6455-3361
靴 ¥39,000(イルモカシーノ／ビームス ハウス 丸の内)☎03-5220-8686、その他スタイリスト私物　※すべて税抜価格

Nakagawa Taishi

一緒にいるときは温かい気持ちになってほしい

抜群のスタイルでスーツを着こなし、現場に登場した中川大志くん。撮影中も、スタッフと一緒に〝王子っぽい立ち姿〟や、バラが一番美しく映る角度を研究してくれたりと、ひとつひとつの対応がスマートで、まさしく理想の王子！ そんな中川くんが思う〝王子らしさ〟を聞いてみました。

「王子と聞いて思うのは、優しい人。テキパキしているというよりは、いつもニコニコしていて、ふわっとした雰囲気を持っている人が思い浮かびます。僕との共通点を上げるとしたら、……優しいところ！ 僕、優しさには自信がありますよ（笑）」

そう言いながらも、照れ隠しのように笑う姿に思わずドキッ。その優しさは、普段から心がけていることなんだと教えてくれました。

「僕自身、人に優しくされるとすごく嬉しいですし、温かい気持ちになるんです。だからこそ、僕と一緒にいたときに、みなさんがそういう気持ちでいてくれたらいいなと思うんですよね。もちろん、現場によっては緊張感が必要だと判断し、ピリッとするときはありますが、それ以外のときは、穏やかでいることを何よりも大事にしています」

そんな中川くんが理想としているデートは？

「好きな女性をデートに連れ出すなら、できるだけカジュアルなところがいいですね。高級なレストランやラウンジなどの敷居の高い場は、僕がドキドキして、エスコートどころではなくなってしまうと思うんです（笑）。記念日やプロポーズであれば、そういった場所でのデートは大賛成ですが、普段は自分もリラックスできる場所に行きたいですね。女性に対して、先にドアを開けることや、歩道側を歩くような気づかいはできるほうだと思いますが、レストランで椅子を引いたりするようなワンランク上のエスコートは照れちゃうので、なかなかできないですね。だって、本気でやってツッコまれたら恥ずかしいじゃないですか（笑）！ なので、僕が頑張ってエスコートをしていたら本気の証。そのときは笑わないで〝頑張ってるな〟って思ってもらえたら嬉しいです（笑）」

ちなみに、中川くんが思うカジュアルなデートは、とても等身大。

「釣りが趣味なので、一緒に海や川に行きたいですね。そこまではドライブが理想。僕が運転する車で行き、寄り道をしながらたくさん話ができたらいいな」

そんな中川くんが主演する映画『覚悟はいいかそこの女子。』では、〝難攻不落〟の女子に何度フラれても諦めない〝古谷斗和〟を熱演。超絶イケメンでありながら、恋愛経験ゼロ。高校では史上最強のモテっぷりを見せ、〝愛され男子〟と呼ばれるも、初めて本気で好きになった女の子には何度もフラれ続けるという今までにない恋愛下手っぷりを演じる姿はとても新鮮です。

「恋愛では僕も〝斗和〟のように、相手を追いかけたいタイプ。〝斗和〟は男友達にモテてるのに彼女ができないことが原因で〝観賞用男子〟とバカにされてしまうんです。その悔しさから〝彼女を作ってやる！〟と意気込み、ターゲットを絞るんですが、その相手は難攻不落の完璧女子。最初は軽い気持ちだったんですが、フラれるほど火が付き、本気になっちゃうんですよ。恋愛って不思議なもので、叶わないほど夢中になることもあるんでしょうね。もし僕が、〝斗和〟のように何度もフラれて、さらに冷たくあしらわれたとしたら、すぐに諦めます。だって、絶対に落ち込んで立ち

直れない……！　それでも〝斗和〟は、鋼のメンタルで、フラれた次の日も果敢に話しかけに行くんです。そこまでポジティブになれることに関しては、最後まで共感できなかったですね（笑）。演じながらも、〝なんでこんなに頑張れるんだろう〟と思っていました」

人を好きになったら絶対に気持ちは伝える

お芝居に対してはポジティブに考え、どんな役でも果敢に挑戦していますが、恋愛になると、かなりネガティブになるんだとか。

「大好きな人にフラれるのは本当に怖いこと。僕自身、恋愛に対しては基本的に〝ビビリ〟なので、好きになればなるほど、気持ちを伝えることに慎重になってしまうんです。でも、好きな人と出会えることは奇跡に近いこと。なので、その想いを伝えないまま諦めることはしないと思います。〝斗和〟のように、自信満々にぶつかることはできないし、フラれたら心が折れて立ち上がれなくなるとは思うんですけどね（笑）。それでも、好きな気持ちはちゃんと伝えたいです」

　とはいえ、好きな人に告白ができるのは、中川くんいわく、「相手も自分のことが80％くらい好きだとわかってから」。でも、その判断は本当に難しく……。

「男は単純な生き物だから、目があっただけで、〝俺のこと好きなのかな〟って意識しちゃうんですよ（笑）。でも、女性はまったく好きじゃなかったりしますよね。なので何年生きていても、こればかりは言葉にしてもらわないとわからない気がします。それに、男は女性の前でカッコつけたい生き物。〝斗和〟も、端から見ればものすごくカッコ悪いかもしれないけど、ダサいところ丸出しでぶつかっていくところは、ある意味カッコよさだと思うんです。とはいえ、大好きな女の子が男性に絡まれたときに、足にすがりついてボロボロになって助けるシーンがあるんですが、〝僕ならもっと別の手段でもうちょっとスマートに助けられるけどな〟と思いました（笑）。

　そんなシーンを含め、この作品は僕が演じる〝斗和〟があまりにもひたむきに、好きな人を追いかけ続けるお話なんです。キュンキュンするところはたくさんありますし、なにより、恋愛がしたくなるお話になっているんですよ。恋愛に対して勇気がないという人も、〝斗和〟を見ていたら勇気が出ると思いますよ」

　ちなみに、中川くんが理想とする恋愛の関係は？

「お互いが尊敬しあえる関係性が理想です。お互い、自分にないところがあったり、刺激しあえる関係が素敵だと思うんですよ。こう言うと、すごく〝当たり前〟のように感じますが、実はこれが一番大事なことだったりしますよね。それに、状況によるとは思いますが、お互い思っていることは、気を遣いつつ、ちゃんと言いあえる関係性だといいなと思っています。もちろん、最初に話したように、女性には優しく、穏やかに、相手にとっての〝王子〟のような存在でいたいと思ってます（笑）」

Profile

なかがわ・たいし

小学5年生でスカウトされデビュー。ドラマ『家政婦のミタ』（日本テレビ系）の長男役で話題を集め、大河ドラマに3作品出演。映画『きょうのキラ君』『ReLIFE』『虹色デイズ』などで主演を務める。

Prince
Interview

野性味あふれるその瞳に
射抜かれてしまう

伊藤健太郎

肩書き — 俳優　生年月日 — 1997年6月30日
出身 — 東京都　デビュー — 2014年

Instagram ID — @kentaro_official_　Twitter ID — @kentaro_aoao　HP — https://aoao-tt.co.jp/prof_kentaro.html

21歳の誕生日をきっかけに、芸名の“健太郎”を本名の“伊藤健太郎”に改めたばかり。
14歳からモデルとしてキャリアをスタートさせているだけあって、
179cm（まだ伸びているそう!）という抜群のスタイルを持つ健太郎くん。
その眼差しの見据える先にあるものとは……？

撮影＝飯田かずな　取材・文＝加藤 蛍　ヘアメイク＝リョータ　スタイリスト＝高橋 毅（Decoration）

Kentaro

Ito Kentaro

Prince
Interview

気になることは とことん 調べ尽くしたい派！

　ドラマ『昼顔～平日午後3時の恋人たち～』（フジテレビ系）で俳優デビューを果たした健太郎くん。お芝居ではもちろん、『TERRACE HOUSE』（フジテレビ系）ではスタジオメンバーとしての等身大のコメントが共感を呼び、月に一度『オールナイトニッポン0』では21歳男子としてちょっぴりやんちゃで素直な顔を見せ、ハタチの記念にリリースした初の写真集『G 健太郎』（ギャンビット）も大好評と、次世代のスターとしてアツい注目を浴びています。映画『覚悟はいいかそこの女子。』では頭でっかちのメガネ系ヘタレ男子、〝新見 律〟をドラマ版から続投しました。

「映画とドラマ、ほぼ同時進行で撮影していたので、4人（中川大志、甲斐翔真、若林時英）でずっと一緒にいました。撮影期間は短かったのですが、まるで本当の同級生みたいな関係性を築けて。昼休憩も4人でご飯を食べたり、プライベートでも食事へ行ったりとにかく仲が良くて、バカな話もたくさんしたけど（笑）、お芝居について真面目に語ることもありました。キャスト同士の関係性が、役柄同士の仲の良さとして画面を通して伝わっていたらいいです」

　健太郎くんが演じる〝律〟は、とても奥手。片思いの相手、〝小雨（恒松祐里）〟を前にすると、男同士でいるときの威勢はどこへやらでまともに会話もできないくらいだけど、ドラマ版の最終話では勇気を出して男を見せます。

「男同士でいるときの〝律〟は、一歩引いている面もあるんですよね。タブレットであれこれ調べて、したり顔でアドバイスをすることも。でも、好きな子を前にするとうまく感情を出せないどころか、目を見て話すこともできない。その完璧じゃないところが、〝律〟の人間らしさなのかな、と僕なりに思っていました。自分の中に〝律〟っぽい部分があるとすれば、リサーチ魔なところは少し似ているかな。恋愛に限らず、何か気になることがあるとすぐ検索するのですが、どんどん派生ワードが出てくるじゃないですか。そうなってくると止まらない。パッと浮かんだ疑問、たとえば〝宇宙の始まりはいつからなんだろう？〟とか、調べ始めると眠れなくなっちゃうんですよね（笑）」

　ドラマ版では〝律〟の恋を他の3人が応援し、映画版では中川大志くん演じる〝斗和〟の恋を全員でバックアップするというストーリー。じつは、健太郎くんにも似たような（？）経験があるそうで……。

「僕も学生時代、男4人で仲が良かったんです。僕らの間では、好きな子ができても、付きあうまでは報告しないのがルール。両思いになって付きあい始めたら見守るし、もしその恋が実らなかったときは、そのことをめちゃくちゃイジるんです。誰かが失恋するとカラオケに行って、残りの3人で失恋ソングを歌ってあげる（笑）。当然、僕が失恋ソングを歌われる側になったこともありましたよ。みんなが泣かせようとしてくるなか、ヤケになってひとりで湘南乃風を歌った思い出があります。傷ついていたとしても、〝大丈夫？〟と心配されるより、笑い飛ばしたほうが楽だっていうことを全員がわかっていたので成り立っていた関係性なのかもしれないですね。卒業した今でも、基本的にはその4人で一緒にいます」

レディファーストを 叩き込まれました

　仲良しメンバーでいるときは、「何かを提案して、決めることが多い」というリーダータイプ

Prince
Interview

の健太郎くん。身近に王子っぽいキャラの人はいますか？の問いには「いません」ときっぱりとした返答が戻ってきました（笑）。そんな健太郎くんが考える王子像とは？

「ビジュアルやパブリックイメージから考えると中川大志さんじゃないですか？僕も会う前は王子っぽい人なのかなと思っていたのですが、実際に会ってみると古着や車が好きな良い意味で普通の男子でした。王子っぽさの条件として僕が思うのは、スマートなエスコートや振る舞いができて、喜怒哀楽をあまり見せない人。感情の起伏が見えにくい人が王子感があるのかな、と。僕はむしろ感情が出やすいタイプなので、そういう意味でも王子とはかけ離れたところにいると思いますけど……。あ、でもエスコートという面では、小さい頃から姉に教え込まれていたので、抵抗なくできるほうかもしれません。小学生の頃から、女性にはこういう風にしてあげなさいと洗脳されてきたので（笑）、ドアを押さえたり、車のドアを開けてあげたり、そういうことは自然にできます」

お姉さんからの教育のたまもので、若干21歳にして照れずにレディファーストができるだけでも、王子としての条件は満たしているのでは？そんな健太郎くん、主演を務めた映画『デメキン』やドラマ『今日から俺は!!』（日本テレビ系）など、どちらかといえばワイルドで男らしいキャラクターを演じることが多いイメージ。

「王子っぽい役、演じたことがないんですよね。俳優人生で一度くらい、キラキラ系の王子を演じる機会があれば……いや、果たして自分にできるのかな（笑）。そこは中川さんや新田真剣佑さんにお任せしたほうがいいような気もしますね」

芸能活動7年目にして、名前を“伊藤健太郎”に改名し、新たな気持ちで作品に臨んでいます。この7年間について聞いてみると、意外な答えが返ってきました。

「事務所に所属するにあたっての話を聞きに行ったことを昨日の出来事のように覚えています。とくにこの1～2年はありがたいことにいろいろな現場に呼んでいただく機会が増えて、たくさんの人に会って、ひとつの現場が終わるとすぐに次の現場へ入ることも多く、家にいる時間がどんどん減っているから時間が過ぎるのが早くて。ただ、“30歳まであっという間だよ”というのは、絶対にウソだと思っているんです。18歳のときに、年上の人から20歳まであっという間だと散々言われたけど、体感的にけっこう長かったんですよ。だから、30歳になるまでも、まだまだ時間がかかると思っています」

年齢よりしっかりした印象を受ける面も、21歳らしい青さもあわせ持つ、健太郎くんの目指す大人像とは？

「30歳の自分は、結婚して子どもがいるのが理想。若いパパに憧れているので、子どもの運動会で活躍する姿を見せたりしたいです。俳優としては、いつまで学生の役を演じられるのかっていうのがひとつの大きな壁だと感じています。制服を着る役を卒業したときに、どれだけ幅の広いお芝居ができるのか、そこが勝負なのかな、と。個人的にはまだまだイケると思うので、お声がかかる限りは着続けたいと思っています」

Profile

いとう・けんたろう

2014年『昼顔～平日午後3時の恋人たち～』（フジテレビ系）でドラマデビュー。2018年、21歳の誕生日をきっかけに芸名を“伊藤健太郎”に改める。連続ドラマ『今日から俺は!!』（日本テレビ系）に出演。

Hayama

無邪気さと男らしさの間を揺れ動く
無自覚王子

葉山奨之

肩書き ― 俳優　生年月日 ― 1995年12月29日
出身 ― 大阪府　デビュー ― 2011年

Instagram ID ― @officialshonohayama　HP ― http://tristone.co.jp/actors/hayama/

映画出演の経験を重ねるごとに、大人っぽく、スマートな男性へと変貌していく葉山奨之くん。気さくで男友達に欲しいけど、仲良くなれば間違いなく恋してしまうような愛らしさを持ちあわせる彼に、理想のデートから好きな女性のタイプまで、教えてもらいました。

撮影＝飯田かずな　取材・文＝吉田可奈　ヘアメイク＝越智めぐみ　スタイリスト＝本田博仁
撮影協力＝オムニクォーター　衣装協力＝ISSEY MIYAKE INC. ☎03-5454-1705

Shono

Prince
Interview

好きな人には、僕が好きなことを全部教えたい

個性的なスーツに身を包み、親しみやすい笑顔で撮影に挑んでくれた葉山奨之くん。どんなシチュエーションでの撮影も、自分から進んで表情を作ってくれる姿はまさに〝役者〟！　現場ではそのひとつひとつの表情の変化に大盛り上がり。撮影が終わる頃には、スタッフ全員の心を射抜いていました。しかし、本人にその自覚はないようで……。

「『王子辞典』のグラビアと聞いてびっくりしました。僕のイメージは王子とは対極だと思っていたんですよ。もし、王子の役のオファーをいただいたとしたら、まずは内面からちゃんと磨いて、誰に対しても誠実で筋の通った男になってから、外見を磨き、挑みたいですね。……となると、最低でも2年はかかるかな（笑）」

葉山くんがイメージする〝王子〟とは？

「まず、思い浮かべるのがイギリスの王室です。あとは、話し方が美しい人を思い浮かべます。女性、男性かかわらず、その人に対して何をしたらいいのか、何を話したらいいのかを3歩くらい先までわかっているような〝ジェントルさ〟が必要だと思うんです。僕自身も、女性をエスコートしなくちゃいけない場面に立ち会ったら、全力で頑張ります！　ただ、全力感があふれて、ちょっと張り切っちゃうかもしれないので、そんな僕に対して〝かわいいな〟って思ってくれたら嬉しいです（笑）」

〝王子〟という枠にとらわれず、「人として気を遣える人に魅力を感じる」んだとか。それはこれまで様々な俳優さんと接することで、感じたよう。

「以前、お仕事で西田敏行さんとご一緒したときに、その場にいるスタッフ全員の名前を憶えていらっしゃったんです。普通なら、〝メイクさん〟〝ADさん〟って呼ぶところを、すべて名前で呼んでいらっしゃったので、心から尊敬したんですよ。大勢いるなかで名前を覚えてくれているということはすごく特別感を感じるし、その人のことを好きになるだけでなく、〝またこの人と仕事がしたい〟って思いますよね。僕も、どんなに年齢を重ねても、ご一緒する人の名前を憶えて、お話しできるような人になりたいと思っています。さらに、以前、加瀬　亮さんと海辺でお仕事をご一緒したとき、クールでカッコイイのに、急にはしゃいで海に入ったりしていたんですよ。そのギャップが本当に愛らしくて、男の僕から見ても〝素敵だな〟と思ったんです。加瀬さんのように、大人になっても少年の心や無邪気さを感じられるような大人になりたいですね」

笑顔で次から次へとエピソードを話してくれる姿はとても活き活きしていて見惚れてしまうほど。もし、デートをしたとしたら、自分からどんどん話してしまうタイプなんだとか。

「僕、仲良くなると〝うるさい〟って言われるくらい、しゃべっちゃうタイプなんです（笑）。なかでも、僕が好きなことは聞いてもらいたいし、新しい情報は教えたい！　ちなみに、大好きなのが〝動物〟のこと。僕は動物園が大好きで、よく千葉市動物公園に行くんです。あそこには、10年ほど前に有名になったレッサーパンダの風太くんがいるんです。彼にはたくさんの子孫がいて、子孫たちとともに今も立っているんですよ。……まぁ、レッサーパンダは習性として立つ動物なんですけどね（笑）。風太の子どもたちもみんな立つので、見ているとすごくかわいくて面白いですよ。さらにオランウータンもかわいくて

Hayama Shono

……（延々と話す）。あ！　しゃべりすぎてごめんなさい（笑）。でも、こういうことを動物園で女の子と話せるようなデートをしたいです。

僕が王子になったら国民はパニックになるかも（笑）

大好きなことを話し出すと、夢中になって止まらなくなる姿に思わず胸キュン。動物園デート以外にも、考えているプランはとっても個性的！

「お昼前に待ち合わせして、僕が運転する車で箱根まで行きます。ただ、箱根に旅行というわけではなく、箱根のそばを食べに行くだけ！　一緒に食べたらすぐに移動。その後は横浜で映画を観つつ、感想を言いながら、夜は横浜みなとみらいの夜景を見ながら夕飯を食べたいですね。この間に移動時間が相当あると思うんですが、そこはふたりでずっとおしゃべりをしていたいです。箱根から横浜に移動するのは〝移動〟が好きだから（笑）。基本的に遠足とか、どこかに行くという行動が大好きなんです。なので、その感覚を一緒に楽しんでくれる女の子とデートがしたいですね。もちろん、体調が悪いときは安静にしているので安心してください（笑）」

もしデートをするなら、そのプランは考えることから楽しみたいんだとか。それは、彼女のことを楽しませたいからこそ。その分、フラれたら〝この世の終わり〟くらい落ち込むようで……。

「大好きな女の子にフラれちゃったら、相当ショックは大きいし、次の恋に行けるまで、相当時間がかかると思います。そこに関してはメンタルが相当弱いんですよ……。よくお酒を飲んでごまかすといいますが、それすらも効かない気がします」

そんな葉山くんが女の子に求めるものとは？

「僕の俳優というお仕事を理解してくれる人が理想です。どうしてもラブストーリーに出演したら、他の女の子と手をつないだりキスをしたりするじゃないですか。僕はお仕事なので、そこに対して何も思うことはなく、思いきってお芝居をしているだけなんです。なので、そこで不安になるのではなく俳優としてのお芝居だということを認めて、ちゃんと理解してくれる人がいいですね。ぶっちゃけてしまうと、これまでの胸キュンシーンで印象的なものを聞かれても、役に入っているときは自分の意識がないくらい入り込んでしまうので記憶がないんですよ（苦笑）。言ってしまえば、僕の抜け殻に役が入り込んでいる感覚で、自分を封印しているんです」

しっかりと役に入り込む〝プロ〟の俳優だからこそ、これからも様々な姿を見せてくれるはず。最後に、もし王子になったとしたら、どんな改革をする？

「日本は猛暑なので、6月から10月まで仕事をしません！　みなさん、暑いので仕事は休みましょう！　でも、お店は必要だから、サービス業の人は昼の部と夜の部で分けて極力休むようにします。でも、お店の人は働いているから、その時期は給料アップ！　その間、王子になった僕は他の国に出向き、いろんな王子と交流し、いいところを日本に持ち帰ります。だから休み明けの11月になると、いろんな国のいい改革が持ち込まれるので国民はパニックに。やっぱり、僕は王子には向いていないみたいですね（笑）」

Profile

はやま・しょうの

2011年に『鈴木先生』（テレビ東京系）で俳優デビュー。『アズミ・ハルコは行方不明』『きょうのキラ君』『恋は雨上がりのように』などの映画や、『セトウツミ』（テレビ東京系）では主演を務めるなど、若手実力派俳優として幅広く活躍している。

Prince
Interview

Hayama Shono

Mochiduki

表情＆成長の驚異的な変化に
目が離せない！

望月 歩

肩書き — 俳優

生年月日 — 2000年9月28日

HP — http://www.hirata-office.jp/talent_profile/entertainment/ayumu_mochiduki.html

まだまだ子ども……と思っていたらあっという間にスマートな青年に成長していた望月 歩くん。
役に入ると驚異的な演技力を見せる"憑依型"な彼の素顔は、
人見知りでとても優しい等身大の17歳。
お芝居にかける想いから、理想のデートまでじっくりと語ってもらいました。

撮影＝飯田かずな　取材・文＝吉田可奈　ヘアメイク＝横山雷志郎（Yolken）　スタイリスト＝本田博仁
衣装協力＝CALVIN KLEIN ☎03-6418-5875

Ayumu

一生お芝居ができたら幸せな人生だと思う

映画『ソロモンの偽証』ではいじめられっ子を、ドラマ『マザー・ゲーム～彼女たちの階級～』（TBS系）では引きこもりなど、影のある役を多く演じる実力派俳優・望月 歩くん。しかし、現場に現れたのは、まだあどけなさの残る顔にギャップのある180cmの身長、現実離れしたスタイルの良さを持つ好青年。ドア越しにスタッフの視線に気づき、「おつかれさまです！」とあいさつする姿はとっても爽やか。映画では、堂々とした演技を見せてくれますが、『王子辞典』の撮影では終始照れた表情。それには大きな理由があるんだとか。

「普段、役を演じている最中に受ける取材は、その役のままカメラの前に立つので、違和感もなければ、どう動いていいかすぐに理解できるので、表現に悩むことはないんです。でも〝望月 歩〟としてカメラの前に立つと、どんな表情をしていいかまったくわからなくなるんですよ。座り方ひとつとっても、何がいいのかわからなくて……（苦笑）。なので、役として取材を受けるほうが、何倍も楽なんです（笑）。とはいえ、『ソロモンの偽証』のときなど、役に対してのネガティブな反響がネットに多く書かれているときは、ちょっぴりヘコみました。嫌な役を演じて、嫌われるのは役者として褒められるべきことなんですが、やっぱり寂しいんです。逆に〝こんな役も演じこなしている〟と褒められたらすごく嬉しいので、ネットを見ながら一喜一憂しています（笑）」

〝憑依型俳優〟にもかかわらず、その反応はとても等身大。お芝居のことを話す姿は、とても活き活きしていて、本当に大好きなことが伝わってきます。

「最初に演技をすることが楽しいと思ったのは、〝レッスン〟。当時は小学生だったのですが、自分がお芝居をすることで得た感覚がすごく楽しくて、ずっとお芝居をしていたいと思ったんです。だからこそ、〝こんな俳優になりたい〟という思いはとくにないんです。それよりも、〝一生お芝居をして生きていられたら、そんなに幸せなことはない〟と思っていて。僕自身、何かひとつのことを貫き通している人が好きなので、これからもずっと、お芝居を探求する人になりたいと思っています」

お芝居をしている最中はどんな姿も見せられるのに、いざカットがかかると人見知りをしてしまうのが今の悩み。

「初めてお会いする方たちとは慣れるまで時間がすごくかかるんです。1ヵ月一緒に撮影していた人たちとも、終わる頃にやっと心を許せるくらい（笑）。なので、共演者の方たちから〝まったく話さない人〟と勘違いされることも。これは自分でもダメだと思っているので、10代のうちに直していきたいと思っています」

そんな望月くんが心を許す親友が、濱田龍臣くん。彼の前では、素の自分が出せるからこそ、どうやら〝変な人〟と言われているそう。

「龍臣と一緒にいるときは、みなさんが想像しているよりはかなり騒いでいると思います。同じ仕事をしているからこそ、理解できることもたくさんあるし、単純に一緒にいて楽しいんですよね。貴重な同じ業界の友達なので、大切にしたいと思っています。でもなぜか、僕のことをいつも〝変な人〟って言うんですよ。僕から見たら龍臣も、知識が豊富でちょっぴりオタク気質なところが十分変なのに（笑）！ ……もしかしたら、似た者同士だから仲がいいのかもしれません。女の子に対しても、仲が良くなればなるほど、

Prince
Interview

素が出せると思うので、そこも認めてもらえたら嬉しいですね」

どんな人にも優しく接する人になりたい

プライベートでは、韓国ドラマにハマり中。

「一番好きなドラマは、チャン・グンソクさん主演の『ラブレイン』。普段は暴言ばかり吐くドSな彼氏なのに、彼女をカメラで撮影したときに画像を見て、かわいさに気づき、ハッとするシーンがあるんです。そのシーンを見て僕もドキッとしちゃいました（笑）。さらに、このふたりの子どもの恋愛を、またふたりが演じるんです。時代が違う恋愛を描いていてすごくおもしろいんですよ。もし自分にドS系の役がきたら？ う〜ん、役者としていろんな役を演じるのは楽しいので、期待に沿えるかはわからないですが、頑張ります！」

韓国ドラマにハマっているからか、〝王子〟に対するイメージもどこか独特。

「韓国ドラマの見過ぎなのか、王子ってどこか悪いイメージしかないんです。時代劇で独裁政治を行っていたり、世間から嫌われているのは決まって王子なんですよ（笑）。でも、本当の王子には、優しくあってほしいですね。僕自身も、人に優しくすることを常に心がけています。以前、桐谷健太さんとご一緒したとき、僕がまだ幼くて現場になじめずにいたのを見て、話しかけてくださって。そのとき、僕も大人になったら、小さい子や、ぽつんとその場にいる中高生に積極的に話しかけて優しくできる人間になれたらいいなと思いました。撮影中など、なじめないとすごく寂しいんですよね。そんなときに、手を差し伸べられられるような人になりたいです」

常に優しくあること。これは、女の子に対しても同じように思うんだとか。

「女の子には、常に優しくしていたいと思っています。理想のデートは、海が近い温泉！ まだ免許を持っていないのですが、いつかはドライブで温泉デートができたらいいなと思っています。テーマパークなども好きですが、そこは男友達やみんなで行きたいですね。デートは、ちゃんとふたりで話せるところが理想。とはいえ、僕はあまり話せないので、たくさん話してくれる人がいいですね。僕は聞き手に徹します（笑）。ちなみに、女の子が髪の毛を結ぶ仕草って、魅力的ですよね。僕がしない仕草だからかな（笑）」

そんな望月くんが、今、一番幸せを感じるのが、友達との時間。

「幼なじみの男友達と、中学時代からの筋肉マッチョの男友達3人で、毎日、日が落ちたくらいの時間から、ランニングをしていたんです。最初は真面目に4kmほど走っていたんですが、今は2kmくらい……（笑）。でも、3人で話しながら走っている時間が〝青春〟って感じですごく好きなんです。もちろんお仕事は大好きですが、プライベートな時間に、大好きな友達と自分らしくいられるこの瞬間が、僕にとっての宝物です」

最後に〝もし、王子に生まれ変わったら何をしたいか〟を聞いてみると、性格がわかる、とても素敵な答えが返ってきました。

「地位をすべてなくして、平和な世界にしたいですね。みんなが仲良く、楽しく住める国を作ってみたいです」

Mochiduki Ayumu

Profile

もちづき・あゆむ

映画『ソロモンの偽証』で重要な役に抜擢され、映画デビュー。ドラマ『マザー・ゲーム〜彼女たちの階級〜』(TBS系)や『母になる』(日本テレビ系)などに出演。映画『向こうの家』では主演を務める。

Prince
Interview

Mochizuki Ayumu

王子の掟 7ヵ条

Rules of the new wave prince

1. 12～22歳であること（2018年9月30日時点）
2. 容姿が洗練されていること
3. 気品にあふれていること
4. 笑顔が爽やかであること
5. 瞳の輝きを失わず、
   清潔感を保っていること
6. 世の女性の想像力をかきたてること
7. 存在するだけで国民が安心し、
   幸せな気持ちになること

PRINCE OF ACTOR,
MODEL,
ARTIST,
IDOL,
MAGICIAN,
ATHLETE

PRINCE DICTIONARY

Timeless Edition

ARAKI TOWA

ブレイク街道まっしぐらの カリスマ王子

名前 — 荒木飛羽

肩書き — 俳優

生年月日 — 2005年9月28日　出身 — 茨城県

デビュー — 2014年

Blog — http://www.spicepower.jp/blog/towa_araki/

HP — http://www.spicepower.jp/profile/towa_araki.html

山﨑賢人さんや窪田正孝さんなどの人気俳優の幼少期を演じてきた、将来を約束された美少年。2018年のNHK大河ドラマ『西郷どん』の徳川慶福役では端正な顔立ちと将軍候補にふさわしい気品を発揮し、「あの美少年は誰？」と話題に。天然石集めが趣味でチャーハンが好物という男の子っぽい純朴さも魅力で、まっすぐな瞳で老若男女を虜にすること間違いなし！ NHK朝の連続テレビ小説『半分、青い。』や2018年10月～12月期の『PRINCE OF LEGEND』（日本テレビ系）への出演など、オファー殺到の彼がどんな輝きを放つのか見届けたい。

AKAZAWA RYOTARO

魅惑のボイス！ 2.5次元界の最強王子

名前 — 赤澤遼太郎

肩書き — 俳優　生年月日 — 1997年1月11日

出身 — 神奈川県　デビュー — 2015年

Instagram ID — @akazawa_taro　Twitter ID — @akazawa_taro

Blog — https://ameblo.jp/ryotaro-akazawa/

HP — http://www.spacecraft.co.jp/akazawa_ryotaro/

舞台『あんさんぶるスターズ！ オン・ステージ』や『おそ松さん on STAGE ～SIX MEN'S SHOW TIME～』など、人気作品の主要キャストに続々と抜擢された遼太郎くん。“たろくん”の愛称で親しまれ、主演もこなす2.5次元界のホープだ。繊細な二重の猫目にぷっくり唇、スッとのびた首筋に加え、ファースト写真集『にじゅういち』（ワニブックス）では美しい腹筋も披露。色気漂う元ホストの美容師から甘え上手な少年役まで変幻自在な声も彼の武器。ずっと女性たちの心を潤わせ、エンターテインメントの世界へ誘う貴公子でいて。

IIJIMA HAYATE

長身小顔ゆるふわ ハイスペック底なし沼王子

名前 — 飯島 颯

肩書き — アーティスト、俳優、モデル

生年月日 — 2001年10月12日　出身 — 東京都

デビュー — 2013年　所属 — SUPER★DRAGON

Blog — https://lineblog.me/superdragon/

HP — http://www.stardust.co.jp/section3/profile/iijimahayate.html

2度の熱烈なスカウトで事務所に入りSUPER★DRAGONに加入、雑誌『ニコ☆プチ』（新潮社）のメンズモデルとして人気を集めた。小学生のときは所属していたサッカークラブのキャプテン、中学生のときは生徒会副会長を務める。グループ活動と両立しながら学業も頑張る勤勉家で、成長期真っ只中の身長は180cm超え、そして大のネコ好き！　少女マンガから飛び出してきたフルスペックの持ち主の彼は、俳優として映画にも出演。スター街道まっしぐらにもかかわらず、話し出すと癒しの空気が流れるふわふわ系。自分の才能に気づいてない感じがまた萌える。

ANDO RYUICHI

ザ・好青年な 和風顔モデル王子

名前 — 安藤瑠一

肩書き — モデル、俳優

生年月日 — 1999年3月4日　出身 — 兵庫県

デビュー — 2015年

HP — http://www.box-corporation.com/ando_ryuichi

第26回「ジュノン・スーパーボーイ・コンテスト」のファイナリストで、雑誌『ピチレモン』（学研）などのメンズモデルを務めてきた瑠一くん。ドラマ『セトウツミ』（テレビ東京系）や映画『人狼ゲーム』に出演し、2018年には地域と食と高校生をキーワードにした映画『36.8℃』で主人公の元カレ・清水 徹役を演じた。女性シンガー・Tiaraさんの「あなたとめぐる季節の中で」のMVでは大人っぽく前髪をあげ、若者カップルの幸福感や悩める瞬間を違和感なく表現している。様々な媒体で楽しませてくれる癒しの美男子みーつけた！

ISHIDA ROWAN

カナダ×日本の小悪魔ハーフプリンス

名前 — 石田ローウェン

肩書き — アイドル

生年月日 — 2003年6月15日　出身 — 大阪府

デビュー — 2017年　所属 — AMEZARI -RED STARS-

Instagram ID — @az_rowan0615

HP — http://www.stardust.co.jp/profile/ishidarowen.html

端正な眉毛に長いまつ毛、パッチリ二重とキラキラに輝く茶色がかった瞳の麗しいフェイスは、みんなが想像する外国王子そのもの。ダンス＆ボーカルグループ・AMEZARI -RED STARS-として活動し、難易度の高いロンダートや側転、バク転などのアクロバットを得意とする高い身体能力の持ち主。MVでは関節を機敏に動かす細やかなダンス、女子たちをドキッとさせる大人のハニカミを見せる恐ろしい才能も発揮。Instagramにはメンバーとの仲良しショットが盛りだくさん！ 小悪魔アイドルの素質が垣間見える要注意プリンスだ。

IKEDA HYOMA

ダンスの色気がダダ漏れ“新規ホイホイ”王子

名前 — 池田彪馬

肩書き — アーティスト、俳優

生年月日 — 2003年6月2日　出身 — 北海道

デビュー — 2015年　所属 — SUPER★DRAGON

Blog — https://lineblog.me/superdragon/

HP — http://www.stardust.co.jp/section3/profile/ikedahyouma.html

EBiDAN加入からわずか1年でSUPER★DRAGONに抜擢される期待の星。まだ10代とは思えない色気を放つ妖艶なダンスは、今後のグループとしての成長の要になりそう！ 大のK-POP好きで、様々なグループのライブに出向き研究をしている勉強家。得意のダンスを研究し、成長とともに、よりスペシャルなパフォーマンスを見せてくれるはず。大人っぽい容姿なのに、苦手なものは“わさび”。お寿司屋さんに行くときは必ずさび抜きを頼むというかわいさ！ そんな頭を抱えるほどのギャップを武器に、ファンの間では“新規ホイホイ”と言われる実力者なのだ。

あ

ITO ASAHI

圧倒的オーラを漂わせる“憑依型”王子

名前 — 伊藤あさひ
肩書き — 俳優
生年月日 — 2000年1月19日　出身 — 東京都
デビュー — 2017年
Instagram ID — @asahi_ito_official　Twitter ID — @asahi_ito_0119
HP — http://www.ken-on.co.jp/asahi/

『快盗戦隊ルパンレンジャーVS警察戦隊パトレンジャー』（テレビ朝日系）で2000年代生まれ初のレッド俳優、“ルパンレッド”を演じるのは圧倒的スターオーラを持つあさひくん。2017年にデビューし、ほぼ演技経験がないにもかかわらず堂々とした演技をこなす。一見チャラいが頭の回転が速く、どこか憎めない。何事も即断即決というキャラが板につくが、役を離れればナチュラルでマイペース、さらにひとなつっこいというたまらない素顔から考察すると、どうやら演技は“憑依型”。作品によって違う顔を見せるたびに、心をズキュンと射抜かれそう！ 本望！

ISHIHARA SOMA

芝居の夢は初志貫徹！ひそかに熱血王子

名前 — 石原壮馬
肩書き — 俳優
生年月日 — 1996年7月5日　出身 — 熊本県
デビュー — 2015年
Twitter ID — @ishrsm
HP — http://artist.amuse.co.jp/artist/ishihara_soma/

子犬のような瞳で見つめる壮馬くんが活躍しているのは、舞台の上。劇団プレステージに所属し、2018年10月に惜しまれつつ解散した“5次元”アイドル応援プロジェクト『ドリフェス！R』では声優にも挑戦し、DearDreamのセンターとしてCDデビューも果たすなど大活躍。アイドル的人気もある彼が目指すのは一生俳優として生きること。イマドキめずらしいほど力強く、熱くお芝居について語る姿に男気を感じて胸キュン……！ 2019年1月には舞台『紫猫のギリ』に出演。愛しさと優しさと力強さをあわせ持つ彼を、ずっとそばで、ひっそりと支えたい女子が続出！

ITO MAHIRO

世間が放っておかない 空手王子

名前 — 伊藤真央

肩書き — 俳優

生年月日 — 2002年9月4日 出身 — 大阪府

デビュー — 2018年

Twitter ID — @Mahirococosyoco

HP — http://www.shochiku-enta.co.jp/actor/itou

第30回「ジュノン・スーパーボーイ・コンテスト」のファイナリストでサムライボーイ賞を受賞。芸能事務所がなんと10社も手を挙げたという超逸材だ。現在は16歳で大阪の私立高校に通う現役高校生で、「ジュノン・スーパーボーイ・コンテスト」の審査会では、道着を着て空手を披露したそう。4歳から始めたという空手は黒帯だというから、まさに日本男児そのもの！ 今後ブレイクすること間違いなしの、ミスター・パーフェクト高校生だ。幼さのなかに“色っぽさ”すら感じさせる彼の微笑みが、日本を席巻する日は近いはず……！

ITO SOUGO

愛らしさ500% 撮り鉄乗り鉄ガチ鉄王子

名前 — 伊藤壮吾

肩書き — アーティスト、俳優

生年月日 — 2003年2月17日 出身 — 千葉県

デビュー — 2015年 所属 — SUPER★DRAGON

Blog — https://lineblog.me/superdragon/

HP — http://www.stardust.co.jp/section3/profile/itousougo.html

子どもだと思っていたらいきなり大人なしぐさでお姉さま方の心を惑わせる、絶賛成長期の壮吾くん。デビュー時から、声変わりを迎え、1年に10cmも身長が伸びるなど常に変化を遂げていく姿をリアルタイムで見せてくれるので、彼女や姉の枠を超えて母親気分で見守るファン多数。ダンスボーカルグループ・SUPER★DRAGONでのカッコイイパフォーマンス＆「『タモリ倶楽部』に出たい」と明言するほどの趣味の鉄道話を早口で話すギャップもまた乙。一緒に旅に出たのならポケット時刻表を集め、電車の床に耳をあてるガチのオタ加減に惚れ惚れしそう！

INOWAKI KAI

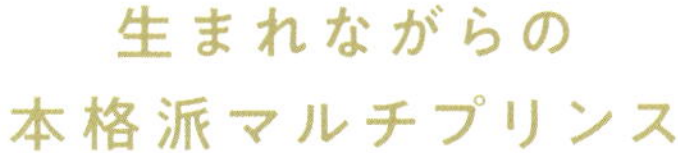

生まれながらの 本格派マルチプリンス

名前 — 井之脇 海

肩書き — 俳優

生年月日 — 1995年11月24日　出身 — 神奈川県

デビュー — 2006年

HP — http://www.humanite.co.jp/actor.html?id=37

10歳でデビューし、12歳のときに映画『トウキョウソナタ』で高崎映画祭新人男優賞を受賞した実力派。自然な演技と佇まいでNHK大河ドラマ『おんな城主 直虎』や連続テレビ小説『ごちそうさん』などの数々の話題作に出演。切れ長の目とりりしい眉毛で実直さや色気を醸し出し、柔らかな笑顔で安心感を与えてくれる。2018年には自身が監督、脚本、主演を務める短篇映画『言葉のいらない愛』が公開するなど活動の幅を広げている。『青と僕』（フジテレビ系）の主演や『義母と娘のブルース』（TBS系）への出演など今後も勢いが止まらない！

INOUE TAKUYA

兵庫発！ユーモアたっぷりの 純和風王子

名前 — 井上拓哉

肩書き — 俳優

生年月日 — 1995年11月7日　出身 — 兵庫県

デビュー — 2012年

Twitter ID — @tak_1107

HP — http://www.watanabepro.co.jp/mypage/90000003/

ワタナベエンターテインメントの俳優集団・劇団Patchに所属し、舞台を中心に幅広く活躍中。しっかりと濃い眉毛にパッチリ二重のまっすぐな瞳は、女子が何でも相談したくなる包容力と男らしさを兼ね備えている。そんな純和風顔王子は、NHKの時代劇や朝の連続テレビ小説『あさが来た』、『わろてんか』にも出演。100万部突破の大人気時代劇ギャグ漫画を舞台化した『磯部磯兵衛物語～浮世はつらいよ～』では主人公・磯兵衛役を務め、ユーモアセンスが爆発！ 力強い歌声と多彩な表情でみんなを笑顔にし、元気づけるニューヒーローだ。

UCHIKAWA REO

黒眼帯が似あってしまう
魔性の14歳王子

名前 — 内川蓮生

肩書き — 俳優

生年月日 — 2004年6月22日　出身 — 東京都

デビュー — 2010年

HP — http://artist.amuse.co.jp/artist/uchikawa_reo/

人気マンガ原作のミュージカル『黒執事〜NOAH'S ARK CIRCUS〜』で歴代最年少で、5代目のシエル・ファントムハイヴ役を演じた蓮生くん。実は原作の大ファンで、なんと小学3年生のときからシエル役を目標に、ダンスや歌の勉強を続けてきたという超努力家。念願の役を射止めることができた彼に、思わず親になった気持ちで「良かったね！」と声をかけたくなる。蓮生くんが演じる眼帯姿のシエルは、キュートさのなかに妖艶さすら感じさせ、その演技にお姉さんたちは完全にノックアウト。数々のイケメンを輩出してきたアミューズ期待のホープの今後に期待！

USA TAKUMA

ポテンシャル秘める
麗しのクール王子

名前 — 宇佐卓真

肩書き — モデル、俳優

生年月日 — 2000年4月11日　出身 — 福岡県

デビュー — 2012年

Instagram ID — @usa_takuma　Twitter ID — @usa_takuma

HP — https://asobisystem.com/talent/usatakuma/

「男子高校生ミスターコン2016」で特別賞を受賞、アプリ「SNOW」やロッテの「Fit's」のCMなどティーン注目の広告に出演する卓真くん。ワンコのように潤んだタレ目と長いまつ毛が麗しく、ツンとした鼻はクール、笑うとクシャッとのびる目尻と美しい歯並びがあどけなさを放出。小さい頃からダンスやアクション、殺陣の経験を積み、劇団四季の『サウンド・オブ・ミュージック』にも出演した逸材だ。2018年7月には女子中高生に人気の恋愛リアリティー番組『太陽とオオカミくんには騙されない』（AbemaTV）に出演！ 歌も得意という彼の活躍する姿に夢がふくらむ。

OKUMA RIKI

発展途上の エキゾチックピュア王子

名前 — 大熊理樹

肩書き — 俳優　生年月日 — 2005年9月26日
出身 — 千葉県　デビュー — 2014年
所属 — ZeBRA☆STAR（ZeBRA☆RED）

Twitter ID — @ZeBRA_STAR_info
HP — http://www.stardust.co.jp/section1/profile/ookumariki.html

歌にダンス、コントも勉強中のボーイズグループ・ZeBRA☆STARのZeBRA☆REDに所属する、笑顔で懸命に踊る姿がまぶしい理樹くん。アーモンド型の目にエキゾチックな顔立ち、あどけなさが残る口もとがチャーミングすぎる！『花のち晴れ～花男 Next Season～』(TBS系）で"馳 天馬"の幼少期を演じたほか、日本人として7年ぶり、かつ最年少の22歳で第66回サン・セバスティアン国際映画祭にノミネートされた奥山大史監督の『僕はイエス様が嫌い』（2019年公開）に出演するなど、俳優としての活躍もめざましい。成長を見守りたい演技派アイドルのひとりだ。

URAGAMI SEISHU

超実力派の細かい演技で 魅せるギャップ王子

名前 — 浦上晟周

肩書き — 俳優
生年月日 — 1999年11月23日　出身 — 東京都
デビュー — 2008年

Twitter ID — @uragamiseishu
HP — http://artist.amuse.co.jp/artist/uragami_seishuu/

あどけなさが残るベビーフェイスとは裏腹に、引きこもりから発達障がいを抱えた役、宇宙人と思い込む少年など、続々と難しい役をこなしていく超実力派俳優。子役時代からその印象的な演技で注目を浴びていたが、『痛快TV スカッとジャパン』（フジテレビ系）にて、リアルな高校生の青春やキュンとさせる恋愛ショートドラマを熱演。奥手で静かと思いきや、キメるときはキメる姿にドキッとさせる、そのギャップは伸びしろだらけ。"私だけが本当の彼を知っている"と錯覚させてしまう罪作りタイプな王子。映画や舞台など日本を代表する俳優に成長しそう。

OGAHARA YOSHITSUNE

唯一無二の
アンニュイプリンス

名前 ― 小河原義経

肩書き ― モデル、俳優

生年月日 ― 1996年9月13日 出身 ― 茨城県

デビュー ― 2017年

Instagram ID ― @yoshitsune_ogahara Twitter ID ― @yoshitsune_oghr

HP ― http://www.sma.co.jp/artist/profile/index/440

シンガーソングライター・あいみょんさんのMV出演や、松田翔太さんプロデュースのピアスブランド「careering」のモデルなど、独特のオーラでモデルを中心に活躍する義経くん。つんとした鼻と涼しげな切れ目、笑ったときの小動物のようなキュートな口角は一度見たら忘れがたい。まだ、あまり知られていない軽やかさと儚さをあわせ持つ低い声も魅力。サッカーファンで料理が趣味というのも彼を発掘したくなるポイントだ。俳優としてはテレビドラマ『明日の約束』(フジテレビ系)に出演。感性豊かな佇まいを、お芝居でももっと見てみたい。

OYAGI KAITO

努力を惜しまない
実力派の好青年王子

名前 ― 大八木凱斗

肩書き ― 俳優

生年月日 ― 2000年8月31日 出身 ― 京都府

デビュー ― 2005年

HP ― http://www.nac-actors.co.jp/actor/?id=1213430080-700868

4歳でデビュー、小学生のときに映画『武士の家計簿』の猪山直吉役で日本映画批評家大賞の審査員特別演技賞を受賞した超実力派。NHK朝の連続テレビ小説は4作品に出演し、『べっぴんさん』では主人公の幼なじみである“野上 潔”の幼少期を演じた。時代劇出演のほか、映画『るろうに剣心』では明神弥彦役を演じるなど大活躍。NHK BSプレミアムの『かすていら』では主人公の佐野雅志役に抜擢され、初のバイオリン演奏を努力とセンスで魅せた。優しく穏やかな眉毛とまっすぐな瞳は、意志の強い実直な好青年役にピッタリ。20代の俳優人生も楽しみしかない。

ONODERA AKIRA

見守りたい!
表情豊かな爽やか白王子

名前 — 小野寺晃良

肩書き — 俳優、モデル

生年月日 — 1999年7月16日　出身 — 神奈川県

デビュー — 2016年

Twitter ID — @weekly_akira

HP — http://www.stardust.co.jp/section3/profile/onoderaakira.html

白くて長い首にクールな猫目、萌袖が似あう細くて美しい腕や指をもつ白王子の代表。雑誌やWebマガジンの連載を持ち、オーバーオールからスーツ、ストリート系まで着こなし自分色に染めてしまう晃良くん。『臨床犯罪学者 火村英生の推理』(日本テレビ系)で俳優デビューし、『アキラとあきら』(WOWOW)や『アンナチュラル』(TBS系)、映画『ひるなかの流星』に出演。主演映画『ひだまりが聴こえる』では明るく正義感の強い青年を爽やかに演じた。ノスタルジックな憂い顔にピュアな笑顔、自然な台詞の言いまわしなど今後も彼の表現力に注目!

OGINO NAOYA

青田買い待ったなし
将来の男前約束王子

名前 — 荻野直哉

肩書き — アイドル　生年月日 — 2003年1月30日

出身 — 埼玉県　デビュー — 2016年

所属 — EDAMAME BEANS

Twitter ID — @EDAMAMEOFFICIAL

HP — http://www.stardust.co.jp/profile/oginonaoya.html

EBiDANのダンスユニット・EDAMAME BEANSのメンバーとして活躍する"おぎっち"こと荻野直哉くん。14歳でEDAMAME BEANSに加入し、勉学と仕事を両立して見事受験も乗り越え、現在は高校生となった頑張り屋さん。日本人離れしたクリっとした瞳と、まだあどけないベビーフェイスは見た人すべての視線を奪い、知らぬ間に「かわいい……」と言わせてしまうはず。この数年で確実に男前になるであろう、約束されたビジュアルは青田買い待ったなし! 仲間とともに、ダンスに磨きをかけてさらに成長していく姿を正座して見届けたい。

COLUMN 1

日本史上最大のミュージカルブームを巻き起こしたプリンスたち

日本ではあまりなじみのなかったミュージカル。しかし、『アナと雪の女王』『美女と野獣』の大ヒットから、一般層にまでその良さが伝わり、ミュージカルブームが爆発。このブームを巻き起こした3人の立役者を紹介！

文＝吉田可奈　写真提供＝東宝演劇部

Prince of MUSICAL

ブームの立役者 StarS

ミュージカルのすばらしさを多くの人に伝えたいという同じ志を持ち、ユニットを結成した彼らは爆発的にブレイク。

○

数年前から日本に巻き起こっているミュージカルブーム。最近では有名な音楽番組でもミュージカル特集がよく組まれるように。しかし、ブームが一瞬で終わることはなく、今もファンを増やし続けているのは、実力のある〝ミュージカル界のプリンス〟たちの基盤があったからこそ。とくに、井上芳雄さん、山崎育三郎さん、浦井健治さんの3人は、圧倒的な実力を持ち、その美しいビジュアルも相まって、爆発的な人気を集めている。

実はこの3人、ミュージカルをさらに盛り上げるユニット〝StarS〟としても活動。CDデビューを果たすなど多岐にわたる活躍を見せてくれている、現在のミュージカル界を支える立役者と言っても過言ではないだろう。

○

まず紹介するのは井上芳雄さん。東京藝術大学音楽学部声楽科在学中に、歴史あるミュージカル『エリザベート』の皇太子・ルドルフ役で鮮烈なデビューを飾った超エリート。その後、『モーツァルト！』や『ミス・サイゴン』など、世界中で愛されている作品に次々と出演。それと同時に、あとから出てきたミュージカル俳優に対して毒舌を吐いていることをバラエティ番組で暴露するなど、憎めないキャラなのも愛らしいところ。オグ・マンディーノ原作の『十二番目の天使』などストレートの作品にも力を入れ、さらなる支持を集めるだけでなく、そのキャラクターが活かされるラジオやナレーションでも活躍中。圧倒的な実力と人気を持ちあわせながらもかわいらしい一面を持ち、さらにそれをネタにする懐の大

井上芳雄
ミュージカル『エリザベート』（2016年／帝国劇場）

山崎育三郎
ミュージカル
『モーツァルト！』
（2018年／帝国劇場）

YAMAZAKI IKUSABURO

きさに底知れぬ魅力を感じる。

○

つづいて、12歳でミュージカルデビューを果たした山崎育三郎さん。変声期で思うように歌えなくなり挫折を経験するも、2007年に『レ・ミゼラブル』のマリウス役に抜擢。その後は日本を代表するミュージカル俳優として活躍しながらも、ミュージカルをもっと日本に広めようと、あえて舞台の予定を白紙にして『下町ロケット』（TBS系）などのテレビドラマや映画作品に多数出演!! そんな彼を抜きにして、現在のブームを語るわけにはいかない。

さらに実写映画『美女と野獣』の〝野獣〟の吹き替えを担当するなど、ミュージカルを一般層に認知させることに成功。現在はJ-POPでCDデビューを果たし、ドラマ、バラエティ、ミュージカルなど日本のエンタメ界を支える重要人物となっている。

○

そして、意外にも『仮面ライダークウガ』（テレビ朝日系）で俳優デビューとなった特撮出身の浦井健治さんは、『美少女戦士セーラームーン』のタキシード仮面役でミュージカル初挑戦。その後ドラマや舞台などで経験を積み、2004年に『エリザベート』にて皇太子・ルドルフ役に抜擢。その後5回にわたり、ルドルフ役を演じることに。『ロミオ&ジュリエット』や『王家の紋章』にも出演し、役ごとに体型まで変え、まったく違うキャラクターを演じきる〝俳優力〟は鳥肌もの！ 実はこの3人でいると、一番のいじられ役は彼なんだとか。気さくで愛すべきキャラクターなのも、人気の秘訣なのかもしれない。

現在は〝StarS〟としての活動はほぼないものの、今後も名前通り、このスターユニットがどこかで活動してくることを願いつつ、それぞれの活躍は今後も見逃せない！

浦井健治
ミュージカル
『王家の紋章』
（2017年／帝国劇場）

URAI KENJI

現在&次世代のミュージカル王子

ビジュアルと歌唱力、表現力をあわせ持ち、舞台上で光り輝くプリンスたち。次世代を支えるミュージカル俳優たちを一気にご紹介！

日本に数多くのミュージカル俳優がいるとはいえ、由緒正しい帝国劇場に立てる俳優はごくわずか。さらにそのメインキャストを狙うとなれば、入口はありえないほど狭き門。現在活躍しているミュージカルスターたちは、そんな狭き門をくぐり、数々のステージを経験し、実力をつけ、今のミュージカル界を支えているのだ。

○

まずは、〝テニプリ〟の愛称で親しまれる〝2・5次元〟のミュージカル『テニスの王子様』で舞台デビューを果たした**古川雄大**さん。日本人離れした美しいビジュアルが目を引く彼は、2012年に『ロミオ&ジュリエット』で主演のロミオ役を演じ、その後は『エリザベート』の皇太子・ルドルフ役に抜擢。

さらに、『レディ・ベス』や『ロミオ&ジュリエット』に出演して実力をつけ、ついに2018年には『モーツァルト！』の主演として帝国劇場に立つこととなる。バレエ経験者ならではの美しい身のこなし、堂々とした歌声を武器に、王道のミュージカルだけでなく、現在も『黒執事』などの〝2・5次元〟の舞台に出演。

日本のミュージカル界を背負っていく俳優と言っても過言ではない存在へとメキメキ成長している。

古川雄大
ミュージカル
『モーツァルト！』
(2018年／帝国劇場)

FURUKAWA YUTA

○

高校生のときに劇団四季のミュージカル『ライオンキング』を観て、入団を志した**柿澤勇人**さんは、見事倍率100倍以上の難関を突破し、劇団四季の研究所に入所。退団後は城田優さん、古川雄大さんとのトリプルキャストで『ロミオ&ジュリエット』や、『フランケンシュタイン』で主演を務めた。さらに、長期にわたるオーディションの末、世界的な作品『メリー・ポピンズ』のバート役を務め、話題となった。これに加え、NHK大河ドラマや映画などにも積極的に出演し、ボーダーレスに活躍。今後も様々な役柄でその実力を見せてくれそうだ。

柿澤勇人
ミュージカル『フランケンシュタイン』
(2017年／日生劇場)

KAKIZAWA HAYATO

○

ドラマ俳優としてのイメージ

が強い城田優さんは、『美少女戦士セーラームーン』や『テニスの王子様』のミュージカルを経て、2010年に『エリザベート』のトート役に抜擢。以後、ミュージカル界で彼の名前を知らない人はいないほど活躍している。2018年には浦井健治さんとW主演を務めた『ブロードウェイと銃弾』が大評判。歌番組でもミュージカル俳優としてその美声を聴かせ、彼のミュージカル俳優としての演技を見たことのない人たちを驚かせた。ミュージカル以外のファンをミュージカル界に取り込んだ立役者と言ってもいいだろう。

城田優
ミュージカル
『エリザベート』
(2016年／
帝国劇場)

○

さらに2005年にミュージカル『テニスの王子様』に出演し、その翌年に『仮面ライダーカブト』(テレビ朝日系)に出演して多くのファンを集めた加藤和樹さんも、ミュージカル俳優として大活躍中。ドラマ『ホタルノヒカリ』(日本テレビ系)でのイケメンっぷりが話題となったあと、2014年に『レディ・ベス』に出演しその演技力を認められ、『マタ・ハリ』では主演を務めた。J-POPでCDデビューも果たし、ミュージカルとはまったく色の違う曲を聴かせてくれるので、そちらもチェックしてみてはいかが?

○

最近では、映画『銀魂』やテレビドラマ『勇者ヨシヒコシリーズ』(テレビ東京系)などでブレイク中の福田雄一監督が大のミュージカルファンを公言。実際に数年前からミュージカルも手がけ、小栗旬さんや山田孝之さん、ムロツヨシさんなど、ミュージカル未経験だった俳優を出演させ、新しい風を吹かせている。

本物の実力者しか上りつめることができないミュージカル俳優だけあって、主演ができる人が決まっていたりと、まだまだスモールサークルな部分も否めないが、ミュージカルブームが起こることで様々な才能が集まり、さらに市場が拡大すれば、新たなミュージカルスターが生まれる日も遠くはないはず。まずは、あの圧倒される舞台をその目で観てみてほしい。きっと、終演後には目の前に存在する生身のミュージカルプリンスに恋をするはず。だって、全員が非の打ちどころがないのだから……!

KATO KAZUKI
加藤和樹
ミュージカル
『フランケンシュタイン』
(2017年／日生劇場)

COLUMN 〈2〉

勢いのある若手が多く活躍する 2.5次元の舞台は青田買いの聖地

ミュージカル『テニスの王子様』から火がつき、原作からそのまま飛び出してきたかのようなビジュアルで、音楽と映像を駆使しながら舞台初心者の10代、20代の女子を夢中にさせてきた2.5次元の舞台がアツい!

文=吉田可奈

GAME

アイドルから武将まで、誰もが夢中になるゲーム原作

黒羽麻璃央さん、鈴木拡樹さん、荒牧慶彦さん、北村諒くんなど2・5次元界で有名なキャストはほぼ、ゲームから火がつき舞台化された『刀剣乱舞』出身!! 歴史好き女子に大人気の恋愛アドベンチャーゲーム『薄桜鬼』の舞台は、松田凌さん、鈴木勝吾さん、猪野広樹さんなどが出演し、シリーズものとして長く愛されている。アイドルを目指す個性豊かな男の子たちを題材にした『うたの☆プリンスさまっ♪』以降定番となったアイドル育成ゲームも続々と舞台化され、なかでも『A3!』や『あんさんぶるスターズ! オン・ステージ』などはキャストにも注目が集まった。一般的には無名のキャストが出演するにもかかわらず、チケットは争奪戦。2・5次元の舞台は若手俳優発掘の場になりつつあるのだ。

COMIC

目の前で有名キャラが暴れまわるマンガ原作

城田優さん、斎藤工さん、瀬戸康史さん、和田正人さん、桐山漣さん、加藤和樹さん、古川雄大さんなどが出身のミュージカル『テニスの王子様』シリーズを筆頭に、新たな少年マンガ原作の舞台から新進気鋭の王子が続々登場。松岡広大くんが3度主演を務めた『NARUTO-ナルト-』、『弱虫ペダル』や『家庭教師ヒットマンREBORN!』など、アニメ化されている超人気作品も続々舞台化。そのほか、玉城裕規さんや植田圭輔さん、百瀬朔さん、細貝圭さんなどが出演した『曇天に笑う』などの壮大な作品から、高校球児の成長を描いた『おおきく振りかぶって』、バレーボールマンガ原作で須賀健太さん主演の『ハイキュー!!』などのスポーツ作品も登場し、シーンをにぎわせている。

ORIGINAL

有名放送作家が参戦! 斬新なシステムが話題に

放送作家の鈴木おさむ氏が手がけ、廣瀬智紀さん、荒木宏文さんや染谷俊之さんなど、2・5次元で活躍する俳優が多く出演する『私のホストちゃん』も大人気。お気に入りの俳優を指名して、「ラブ(ポイント)」を貢ぐことができるシステムはとても斬新。2019年2月に第6弾が上演される。

『私のホストちゃんREBORN ～絶唱! 大阪ミナミ編～』(2018年1月～2月)

要チェック!! **私のホストちゃん THE PREMIUM** シリーズ第6弾、上演! 2019年2月、東京・オルタナティブシアターほか、愛知・大阪公演(予定) 主催:舞台『私のホストちゃん』製作委員会 http://www.hostchan.jp/

ORIBE YOSHINARI

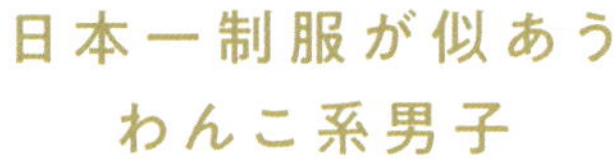

名前 — **織部典成**

肩書き — 俳優　生年月日 — 2000年8月18日

出身 — 大阪府　デビュー — 2015年

所属 — 劇団番町ボーイズ☆／銀河団 from 劇団番町ボーイズ☆

Instagram ID — @yopinapi__0818　Twitter ID — @yopinapi0818

HP — http://www.banchoboys5.com

ソニー・ミュージックエンタテインメント主宰の男性演劇集団・劇団番町ボーイズ☆、銀河団 from 劇団番町ボーイズ☆に所属。約3000人の応募者のなかから『第5回日本制服アワード』にてグランプリを獲得し、"日本一制服が似あう男子高校生"に決定するなど、その可能性は無限大！ 舞台だけでなく、TOKYO MXの『ひるキュン！』にお天気お兄さんとして出演するなど活躍の場を広げている。持ち前のひとなつっこいわんこのような愛らしさは、思わず頭をくしゃくしゃっとしたくなるほど。同年代だけでなくお姉さまたちからも愛されそう！

OBARA YUITO

伸びしろ大の
クール系王子

名前 — **小原唯和**

肩書き — 俳優、モデル

生年月日 — 2002年4月2日　出身 — 島根県

デビュー — 2017年

HP — http://www.horiagency.co.jp/talent/obara/index.html

第28回「ジュノン・スーパーボーイ・コンテスト」のファイナリストに選出され、雑誌『nicola』（新潮社）のメンズモデルも務める"伸びしろ"満点の唯和くん。テレビドラマ『あなたのことはそれほど』（TBS系）で鈴木伸之さん演じる"有島光軌"の中学生時代を演じて話題となり、さらに『愛してたって、秘密はある。』（日本テレビ系）でも福士蒼汰さん演じる"奥森 黎"の中学生時代を演じるなど、「主演のイケメン俳優の幼少期」を立て続けに好演した。モデル系のシュッとしたクールな流し目は、胸キュン必至。ブレイクの兆しは十分！

KASHIO ATSUKI

Instagram発の アパレル系ギャップ王子

名前 ― 樫尾篤紀

肩書き ― モデル、俳優

生年月日 ― 1996年7月13日　出身 ― 高知県

デビュー ― 2018年

Instagram ID ― @kashioatsuki

HP ― http://www.horipro.co.jp/kashioatsuki/

第42回「ホリプロタレントスカウトキャラバン」のファイナリスト。太くて長い男らしい首に広い肩幅、アーモンド型の目とスッとのびた美しい鼻筋で、同性もうらやむモテ容姿。元々はセレクトショップで働く大学生で、読者モデルを経験し、バラエティ番組にも取り上げられるなど話題となった。2018年の夏時点でInstagramのフォロワー数が8万人を超え、シャツを頭まで被ったり、猿とのツーショットを載せたりとお茶目な姿を発信して女子たちのハートを鷲づかみ。2018年12月には映画『ニセコイ』に出演するなど、俳優としての活躍も見逃せない！

KAI SHOUMA

スポーツ万能！ みんなの初恋ひとりじめ王子

名前 ― 甲斐翔真

肩書き ― 俳優　生年月日 ― 1997年11月14日

出身 ― 東京都　デビュー ― 2015年

Instagram ID ― @kai_shouma　Twitter ID ― @kai_shouma

Blog ― https://lineblog.me/kai_shouma/

HP ― http://artist.amuse.co.jp/artist/kai_shouma/

『花にけだもの』（フジテレビ系）では誠実で心優しい役を熱演。大胆な役柄だったため、甘い言葉を言うシーンでは顔が真っ赤になっていたんだとか。『覚悟はいいかそこの女子。』では、ちょっぴりおバカな"男子"を演じ、注目を浴びた。ナチュラルな演技が魅力の爽やか系だからこそ、今後は様々な表情を見せてくれそう！　小学1年生から高校3年生まで全力で取り組んでいたサッカーに絡むお仕事など、スポーツ方面でも才能を開花しそうな予感。いつもそばにいた"初恋の先輩"のような彼が、手の届かない全国区の俳優になる日も近い。

KATO SEISHIRO

生粋のスター性！ 進化し続ける実力派王子

名前 — 加藤清史郎

肩書き — 俳優

生年月日 — 2001年8月4日　出身 — 神奈川県

デビュー — 2003年

Blog — https://ameblo.jp/kato-seishiro/

1歳1ヵ月で芸能活動開始、8歳で歌手と作家デビューを果たしたカリスマ売れっ子俳優の清史郎くん。NHK大河ドラマ『天地人』で主人公の"直江兼続"の幼少期を演じ、そのいじらしさとまっすぐな泣きの演技で一躍脚光を浴びた。トヨタ自動車のCMで"こども店長"を務め、誰もが知る人気子役となった彼も高校生。舞台など多方面で活躍し、『相棒 Season 16』（テレビ朝日系）では切れ長の目にスッと通った鼻筋の青年の顔立ち、6つに割れた腹筋で視聴者を驚かせ、嘘を重ねる役どころで物語を盛り上げた。進化し続け、輝きを増す彼の将来をただ見届けたい。

KASHIMA RIKU

帰ってきた魅惑の 演技派プリンス

名前 — 嘉島 陸

肩書き — 俳優

生年月日 — 1998年11月12日　出身 — 沖縄県

デビュー — 2005年

Instagram ID — @riku_kashima_official　Twitter ID — @K_riku_official
HP — https://www.7th-avenue.co.jp/riku

実力派の人気子役として活躍し、テレビドラマ『流星の絆』（TBS系）やNHK大河ドラマ『江〜姫たちの戦国〜』に出演。端正ながらどこか陰のある顔立ちと確かな演技力で存在感を放ちながらも、学業に専念するため一度引退。7年ぶりの復帰作となった『花のち晴れ〜花男 Next Season〜』（TBS系）では"馳 天馬"を慕い、主人公たちを惑わせるキーパーソン・近衛 仁役を務め、その熱演ぶりが若者を中心に話題となった。大きな黒目の鋭い瞳に長い手足という理想的な成長を遂げた姿は、彼の2019年版カレンダーでもチェックすべし！今後の活躍にワクワクが止まらない。

KANEKO DAICHI

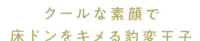

クールな素顔で
床ドンをキメる豹変王子

名前 — 金子大地

肩書き — 俳優

生年月日 — 1996年9月26日　出身 — 北海道

デビュー — 2014年

Instagram ID — @daichikaneko_official
HP — http://artist.amuse.co.jp/artist/kaneko_daichi/

『おっさんずラブ』（テレビ朝日系）の空気の読めない愛され部下役“マロ”で名を知らしめたが、実は超絶人見知り＆無口なマイペース男子。端正でクールな表情はまさに「何を考えているかわからない」と女子の探求心をくすぐる。地元北海道をこよなく愛し、少しの休みができれば帰省するほど。芝居に入ると様々な顔を見せ、映画『わたしに××しなさい！』では金髪＆メガネで壁ドン、床ドン、あごクイまで堂々とこなす姿にファンは狂喜＆ご乱心！ カメラの前では一気に豹変するので、「本当の大地君は一体!?」と心をかき乱される。もっとかき乱して！

KADOSHITA SHUTARO

長崎生まれの
スタイリッシュモデル王子

名前 — 門下秀太郎

肩書き — 俳優、モデル

生年月日 — 1998年9月11日　出身 — 長崎県

デビュー — 2016年

Instagram ID — @shutarokadoshita　Twitter ID — @IqqBoqIl
HP — http://www.sma.co.jp/artist/profile/index/414

第3回「ソニーミュージック＆ smartモデル・タレントオーディション」でグランプリを受賞し、雑誌『smart』（宝島社）の専属モデルを務める。ハーフのような高い鼻にザ・九州男児の彫りの深さと大きな黒目は、誰もが認めるイケメンフェイス。元野球少年で、「アミノバイタル」（味の素）のCMでは高校球児役を好演。2017年の映画『人狼ゲーム マッドランド』で俳優デビューし、テレビドラマ『先に生まれただけの僕』（日本テレビ系）や『花のち晴れ～花男 Next Season～』(TBS系）に出演。同世代と切磋琢磨しながら輝きを放ち続けるホープのひとりだ。

か

KAMIO FUJU

儚い表情で女子の心を射抜く演技派王子

名前 — **神尾楓珠**

肩書き — 俳優

生年月日 — 1999年1月21日　出身 — 東京都

デビュー — 2015年

Instagram ID — @kamio_fuju　Twitter ID — @kamio_fuju
HP — http://www.ateam-japan.com/ateam/kamiofuju/

『監獄のお姫さま』（TBS系）で小泉今日子さんの息子役を演じ、「あのイケメンは誰？」とお茶の間をざわつかせ、『シグナル 長期未解決事件捜査班』（フジテレビ系）では冤罪で服役し、家族を思いながらも殺されてしまう辛すぎる役を熱演。群を抜いた儚く切ない演技に、涙を流した人も多いはず。くっきり眉毛がインパクト大の正統派イケメンの彼は、今後ドラマや映画界に大きな影響を与えそうな予感。好きな女性のタイプは“甘え上手で自分を特別扱いしてくれる人”なんだとか♡演技の場ではみせない甘い表情を想像しただけでギャップにヤラれちゃう！

KABE AMON

演技派の愛されナイーブ王子

名前 — **加部亜門**

肩書き — 俳優

生年月日 — 2003年6月11日　出身 — 東京都

デビュー — 2007年

HP — http://www.hirata-office.jp/talent_profile/entertainment/amon_kabe.html

4歳でデビューしてから毎年ドラマに出演、新田真剣佑さんなどの幼少期を演じ、映画主演も務める実力派俳優。テレビドラマ『グッドライフ～ありがとう、パパ。さよなら～』（フジテレビ系）では白血病を抱えながらも明るく生きる息子、“わっくん”を熱演、ひたむきな演技が共感を呼んだ。NHK木曜時代劇『ぼんくら』では頭脳明晰でひとなつっこい少年の“弓之助”を演じ、“演技派の美少年俳優”として話題に。長いまつ毛にパッチリ黒目、愛らしい笑顔が魅力の亜門くんももうすぐ高校生。少年から青年、大人の男性へと移る姿に期待が高まるばかり。

KAYAMA YUGA

武闘派の
ハッピースマイル王子

名前 — 佳山悠我

肩書き — モデル

生年月日 — 2003年2月18日　出身 — 京都府

デビュー — 2018年

HP — http://www.horiagency.co.jp/talent/kayama/index.html

2017年の第30回「ジュノン・スーパーボーイ・コンテスト」にて審査員特別賞、黒騎士と白の魔王賞（協賛社特別賞）を14歳でW受賞。フリーパフォーマンスでは「痴漢撃退法」と題して特技の空手を“女子目線”で披露し、ポップな演技と京都訛りで観客を楽しませた。こんなかわいい顔ですでに身長175cm、空手の近畿大会で3位をとるなど、かなりの武闘派だというから驚き。癒し系の雰囲気でさらっと上段蹴りを見せられた日にはもう、ひれ伏すしかない。2018年8月から雑誌『nicola』（新潮社）でモデル活動開始！ まぶしい笑顔が光ること間違いなし。

KAMIMURA KENSHIN

ビューティー猫目の
ムードメーカー王子

名前 — 上村謙信

肩書き — アーティスト　生年月日 — 1999年7月8日

出身 — 愛知県　デビュー — 2015年

所属 — さとり少年団

Instagram ID — @satoriboysclub　Twitter ID — @satoriinfo

Blog — https://lineblog.me/satoriboysclub/

HP — http://www.stardust.co.jp/profile/kamimurakenshin.html

3人組ダンスボーカルユニット・さとり少年団のダンサーとして活躍中の謙信くん。くっきり二重の猫目にふんわり眉毛の持ち主だが、パフォーマンス中は鋭い目つきや力強くしなやかなダンスをいかんなく発揮。長い手足でダイナミックに踊っていたかと思えば、無邪気な笑顔も忘れない。相撲観戦が趣味で、激辛好きなのも掘り起こしたい隠れポイント。グループの公式ブログでは仲良しショットや自撮りオフショットを積極的にアップし、食べ物をほおばる姿も超キュート！ ちょっぴり泣き虫で愛情深いムードメーカーな彼をずっと応援し続けたい。

か

KIKUCHI SHUJI

華麗な容姿の スマートプリンス

名前 — 菊池修司

肩書き — 俳優　生年月日 — 1995年11月10日
出身 — 東京都　デビュー — 2015年
所属 — 劇団番町ボーイズ☆

Instagram ID — @shuji_k1110　Twitter ID — @kutisyu
Blog — https://ameblo.jp/shuji-kikuchi/
HP — http://www.banchoboys5.com

2015年の「Sony Music×smartモデル・タレントオーディション」で準グランプリに輝き、雑誌『smart』（宝島社）の専属モデルとしてデビュー。現在は演劇集団・劇団番町ボーイズ☆の一員として舞台を中心に活躍する修司くん。大きすぎる黒目にかかる美麗なまつ毛、2次元クラスの鼻筋と顎のラインはじっと見惚れてしまう美しさ。2018年の舞台『さらば、ゴールドマウンテン』での前髪上げ&メガネのクール仕様もずるい！ どんな衣装&メイクも似あってしまう180cm超えの身長と華麗な美貌で、これからも華やかな舞台の世界を彩ってほしい。

KANSYUJI REO

ハイセンスな アクティブやんちゃ王子

名前 — 勧修寺玲旺

肩書き — 俳優　生年月日 — 1998年1月17日
出身 — 東京都　デビュー — 2012年

Instagram ID — @reo0117　Twitter ID — @reokansyuji0117
Blog — https://ameblo.jp/kanreo117/
HP — http://c-true.net/artist/kansyuji-reo/

2012年の第25回「ジュノン・スーパーボーイ・コンテスト」でファイナリストに選ばれ、モデル活動を開始。翌年に舞台『グリルの森』で俳優デビューし、2015年には『仮面ライダーゴースト』(テレビ朝日系)に出演、同年代の若手俳優らとともに注目を集める。当時の『仮面ライダーゴースト』のメンバーとは今でも交流があり、SNSに集合写真がアップされることも。クールなくっきり二重にスッとのびた鼻筋、筋肉質な骨格はヤンチャ男子の代表。2018年にはアパレルブランド「PATRA」を立ち上げるなど、彼のプロデュース力にも大いに期待したい。

KITAGAWA NAOYA

うるうる目の
2.5次元ニュープリンス

名前 — 北川尚弥

肩書き — 俳優

生年月日 — 1996年5月15日　出身 — 北海道

デビュー — 2013年

Twitter ID — @nattu515

HP — https://irving.co.jp/talents/naoya-kitagawa/

ミュージカル『テニスの王子様』や『スタミュ』などの人気作品に出演し、2.5次元界を盛り上げるニュープリンス。第26回「ジュノン・スーパーボーイ・コンテスト」のファイナリストで、最終選考会では特技の書道を披露。美しい歯並びを活かした愛嬌たっぷりの笑顔、メイク映え抜群の潤んだパッチリ目で女子たちを魅了し、ファースト写真集『なおやだけ。』(主婦と生活社)も発売。2018年11月にはミラクル☆ステージ『サンリオ男子』で初主演を果たし、おばあちゃんっ子の男子高校生、"長谷川康太"を演じる。オファー殺到の人気者王子から目を離すな！

KIZU TAKUMI

ライダー仕込みの
次世代塩顔プリンス

名前 — 岐洲 匠

肩書き — 俳優

生年月日 — 1997年4月13日　出身 — 愛知県

デビュー — 2016年

Instagram ID — @kizu_takumi_official　Twitter ID — @takumi_kizu

HP — http://www.web-foster.com/pc/artists/Kizu/Takumi

184cmの長身にスッと高い鼻と美しい顎のライン、スッキリ二重のタレ目で麗しさと親しみやすさを兼ね備える匠くん。「ジュノン・スーパーボーイ・コンテスト」出身で、『宇宙戦隊キュウレンジャー』(テレビ朝日系)では主演を務めた。『チア☆ダン』(TBS系)では顧問の太郎先生の過去にかかわる重要な男子生徒役を演じ、映画『青夏 きみに恋した30日』ではヒロインに思いを寄せる一途な好青年を熱演。2018年8月発売のファースト写真集『キズナ』(主婦と生活社)では繊細な腹筋や浴衣姿を披露、魅力あふれるニューホープに期待大！

KIDO TAISEI

親子で夢中になる かわいいおにいさん王子

名前 — 木戸大聖
肩書き — 俳優
生年月日 — 1996年12月10日　出身 — 福岡県
デビュー — 2017年

Instagram ID — @taisei_kido_
HP — http://tristone.co.jp/actors/kido/

芸能活動を始めて1年足らずで『おとうさんといっしょ』（NHK BSプレミアム）のレギュラーを獲得したラッキーボーイ！ キャラクターのようなキュートな笑顔で子どもからの人気だけでなくお母さんたちからも熱視線を注がれている“たいせいおにいさん”。子ども番組のほかにも、フジテレビ系のドラマ『僕たちがやりました』や『明日の約束』に学生役として出演。映画『銀魂2 掟は破るためにこそある』では真選組隊士役として出演するなど、今後も俳優としていろいろな表情を見せてくれるはず。Instagramではおちゃめな姿も披露して好感度上昇中！

KIZU TSUBASA

舞台にダンス、歌と死角なしの多才王子

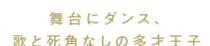

名前 — 木津つばさ
肩書き — 俳優
生年月日 — 1998年1月7日　出身 — 広島県
デビュー — 2014年　所属 — XOX

Instagram ID — @tsubasa__kizu　Twitter ID — @kizu_tsubasa
HP — http://www.xox-tokyo.jp/biography.html

劇団番町ボーイズ☆のメンバーとして活躍し、その演技力に注目が集まり、ミュージカル『薄桜鬼』シリーズ、『刀剣乱舞』シリーズのほか、『大正浪漫探偵譚 - 六つのマリア - 』では主演を務めている注目株。さらにはダンスボーカルグループ・XOXでも活躍！ 愛らしいビジュアルと身体能力を活かし、演技、ダンス、歌と多方面で才能を開花。舞台では次々と次回作が決まるほど関係者各位から注目を集めている。SNSではとてもナチュラルな年齢相応の姿を見せてくれ、ネコのしぐさを披露するなど需要と供給をわかっているところもニクイ！

KURIHARA GORO

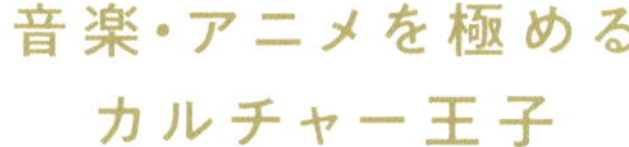

音楽・アニメを極める カルチャー王子

名前 — **栗原吾郎**

肩書き — 俳優
生年月日 — 1996年1月12日　出身 — 埼玉県
デビュー — 2011年

Instagram ID — @goro_kurihara
HP — http://www.stardust.co.jp/section1/profile/kuriharagoro.html

バンド・カスタマイZのヴォーカル・ギターとして活躍していた栗原くん。その音楽的な才能を活かし、音楽を題材にした映画『EVEN～君に贈る歌～』に出演。劇中バンドのメンバーとして実際にCDデビューも果たすなど様々な形で才能を開花中。黒目がちで目力の強い彼はカルチャーにも明るく、『涼宮ハルヒの憂鬱』や『コードギアス 反逆のルルーシュ』などのアニメにハマる一面も。愁いを帯びた表情からは大人の色気ものぞかせるが、家にいるときは枕カバーの端っこの部分を常に触っちゃうという、思わず二度聞きしてしまうようなクセに激萌え！

KIHARA RUI

噛むほどクセになる ポップなスルメ系王子

名前 — **木原瑠生**

肩書き — 俳優　生年月日 — 1998年9月15日
出身 — 東京都　デビュー — 2015年
所属 — 劇団番町ボーイズ☆／銀河団 from 劇団番町ボーイズ☆

Instagram ID — @rui_kihara　Twitter ID — @rui0915spsong
Blog — https://ameblo.jp/rui-kihara/　HP — http://www.banchoboys5.com

切れ長のスッキリ二重にシュっとした鼻筋、シャープな輪郭が印象的な瑠生くん。ハリのある軽やかで優しい声の持ち主で、ダンスボーカルユニット・銀河団 from 劇団番町ボーイズ☆で主にメインボーカルを担当。3歳からピアノ、中学生からダンスと歌を習い始めただけあってリズム感抜群、爽やかな裏声も魅力。2018年にはライブミュージカル『SHOW BY ROCK!!』に出演。SNSでは銀河団のメンバーや舞台で共演中の仲良し俳優との写真をアップし、キメ顔や変顔などコロコロと表情を変えて楽しませてくれる。ポップに歌って踊る彼の姿にトキメこう。

か

KOMATSU NAOKI

爽やかルックスの“憧れの先輩”王子

名前 — 小松直樹

肩書き — 俳優

生年月日 — 1997年12月24日　出身 — 東京都

デビュー — 2013年

Blog — https://ameblo.jp/komatsu-naoki/
HP — http://www.box-corporation.com/naoki_komatsu

少し離れたタレ気味のアーモンド目、HBの鉛筆で描いたような繊細な鼻筋、前髪を上げると大人びて見える凛とした眉毛が涼しげな美青年の直樹くん。SONYのCM「4Kハンディカム」の広告、NHK BSの『大江戸炎上』やテレビドラマ『学校のカイダン』(日本テレビ系)に出演し、俳優として活躍中!!　ブログでは特技のスケートボードやお父さん手作りの餃子、レッスン中のオフショットなどを更新中♡　リラックスした様子が親しみやすさあふれる。爽やかでかわいらしく、時に大人っぽい憧れの先輩のような彼をこれからも追いかけていたい！

KOBAYASHI KAI

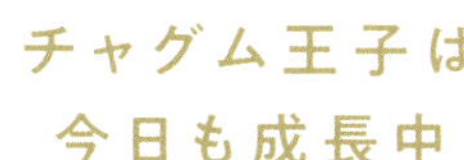

チャグム王子は今日も成長中

名前 — 小林 颯

肩書き — 俳優

生年月日 — 2005年11月12日　出身 — 神奈川県

デビュー — 2011年

Instagram ID — @11kai2005　Twitter ID — @Candy20Little10
HP — http://www.carotte-t.com/profile/001.html

ほんの少し前まで、NHK大河ファンタジー『精霊の守り人』で王子・チャグム役の子ども時代を演じていた小林 颯くん。色白で儚くて、守ってあげたい度100%のカンペキ王子。そのあまりの美少年っぷりに女子たちは釘づけになったはず。そんな彼も今では12歳になり、どんどん大人っぽい顔つきになっていてびっくり！ 最近では雑誌『ニコ☆プチ』(新潮社)でモデルのお仕事を始めるなど、「かわいい子役」から「カッコイイお兄さん」へ完全昇華。現在、「変声期中」なのも萌えポイントのひとつ。声変わり後の姿を妄想するだけで楽しい！

COLUMN {3}

若手新人俳優の登竜門！親子世代を夢中にする特撮俳優

**仮面ライダー&スーパー戦隊から誕生した王子たち。
ちびっこからそのお母さんのハートまでもかっさらう特撮作品は、
若手俳優の登竜門なんです！**

文＝吉田可奈

Prince of SPECIAL EFFECTS

仮面ライダー＝ブレイクを約束!?

毎年、新ライダーが発表されると〝この子は誰だ？〟となるのだが、たちまち大ブレイクするのが定番に。

平成ライダーの第1弾『仮面ライダークウガ』を演じたのがオダギリジョーさん。子ども向けにしては、少々難しい内容であったが、大人の男性ファンを取り込むだけでなく、オダギリジョーさんのアンニュイでカッコイイ姿に、ママたちも夢中に。その後も佐藤 健さんや菅田将暉さん、瀬戸康史さんや竹内涼真さんなど、今をときめく売れっ子俳優たちが続々と登場し、仮面ライダーでの経験をもとに大きく飛躍。

電車や警察、魔法使い、時にはフルーツという変わり種で新しい仮面ライダーを作り上げ、そこに制作陣の先見の明が光りまくったキャスティングが重なることが成功の秘訣。ただ主役だけが売れるのではなく、途中から参入した仮面ライダーがブレイクする例も!! 最近では『仮面ライダーフォーゼ』の吉沢 亮さんや『仮面ライダー鎧武／ガイム』の高杉真宙くんなどもブレイクし、〝この人も仮面ライダー出身だったの!?〟という現象もちらほら。『仮面ライダーフォーゼ』で共演していた福士蒼汰さんと吉沢 亮さんが映画『BLEACH』で共演し、当時と同じような背中あわせのシーンがあることで、特撮ファンが歓喜するなど、ブレイク後の共演に沸くことも。いまや子どもだけのものではなくなった平成時代が生んだライダー出身俳優を徹底的に振り返る！

平成の仮面ライダー（テレビ朝日系）

- オダギリジョー『仮面ライダークウガ』(2000年～2001年)
- 賀集利樹『仮面ライダーアギト』(2001年～2002年)
- 須賀貴匡『仮面ライダー龍騎』(2002年～2003年)
- 半田健人『仮面ライダー555』(2003年～2004年)
- 椿 隆之『仮面ライダー剣』(2004年～2005年)
- 細川茂樹『仮面ライダー響鬼』(2005年～2006年)
- 水嶋ヒロ『仮面ライダーカブト』(2006年～2007年)
- 佐藤 健『仮面ライダー電王』(2007年～2008年)
- 瀬戸康史『仮面ライダーキバ』(2008年～2009年)
- 井上正大『仮面ライダーディケイド』(2009年)
- 桐山 漣、菅田将暉『仮面ライダーW』(2009年～2010年)
- 渡部 秀『仮面ライダーオーズ/OOO』(2010年～2011年)
- 福士蒼汰『仮面ライダーフォーゼ』(2011年～2012年)
- 白石隼也『仮面ライダーウィザード』(2012年～2013年)
- 佐野 岳『仮面ライダー鎧武／ガイム』(2013年～2014年)
- 竹内涼真『仮面ライダードライブ』(2014年～2015年)
- 西銘 駿『仮面ライダーゴースト』(2015年～2016年)
- 飯島寛騎『仮面ライダーエグゼイド』(2016年～2017年)
- 犬飼貴丈『仮面ライダービルド』(2017年～2018年)
- 奥野 壮『仮面ライダージオウ』(2018年～)

SATO TAKERU

主人公に抜擢されスターに

オーディションを勝ち抜いた主人公たちは現在のスター揃い！

平成ライダーが本格的に若い女性の間で話題になったのは、電車をモチーフにした『仮面ライダー電王』の佐藤 健さんから。

佐藤 健
『仮面ライダー電王』(テレビ朝日系／2007年～2008年)

やんちゃな表情が愛らしすぎる佐藤 健さんに国民がときめいた。続く『仮面ライダーキバ』では、フェミニンなお顔が印象的な瀬戸康史さんが主演、『仮面ライダーW』では日本の映画界をけん引する菅田将暉さんが出演。桐山 漣さんとのW主演だったため、ママたちの間では“どっち派論争”が沸き上がった。そして、『仮面ライダードライブ』では、竹内涼真さんがバイクではなく自動車に乗る警察官の熱いライダーを好演。これらの結果から“仮面ライダー出身＝ブレイク”という図式ができ上がり、放送終了後はドラマや映画、舞台などの場が用意されるが、そこで演技力や爪痕を残せなければ、当然全国区の俳優になれない。

仮面ライダーになることでブレイクのための切符を手に入れた彼らが、そのチャンスをどう活かすか試される場所になっているのも確かなのだ。

茶の間がざわつく参入型

物語を盛り上げるために続々と参入する新ライダーも粒ぞろい。

仮面ライダーシリーズは、主人公以外にも多くの人気俳優を輩出。古くは『仮面ライダーアギト』にて要 潤さんが出演。最近では『仮面ライダーフォーゼ』で吉沢 亮さんが、『仮面ライダー鎧武／ガイム』では高杉真宙くんが出演。このふたりが出演したときの茶の間のざわつきは印象的だった。あまりにも美しいビジュアルのため、ママさんたちが一気にネット検索をかけるという現象も。

さらに、個性的な俳優たちも仮面ライダー出身揃い。『仮面ライダーオーズ／OOO』では、現在舞台で多く活躍する三浦涼介さん、『仮面ライダーウィザード』ではコミカルな演技が話題を呼んでいる戸塚純貴さん、『仮面ライダー鎧武／ガイム』ではBOYS AND MENで一番の知名度を持つ“ゆうちゃむ”こと小林 豊さんが活躍。さらにネクストブレイクとして様々な作品に出ている『仮面ライダードライブ』では稲葉 友さん、『仮面ライダーゴースト』では磯村勇斗さん、『仮面ライダーエグゼイド』では瀬戸利樹くんが出演。

放送中の仮面ライダーから宝探しをするのもオススメ！

高杉真宙『仮面ライダー鎧武／ガイム』
(テレビ朝日系／2013年～2014年)

TAKASUGI MAHIRO

次世代の王子満載！スーパー戦隊

クール、熱血、コミカルと様々なタイプを取り揃えてご提供！

小さな頃から誰もが憧れるスーパー戦隊。年齢を重ねるごとに楽しみ方が〝王子探し〟へと変わってくる女子も多いはず。それもそのはず、スーパー戦隊はこれまで多くのイケメン俳優を大量輩出！2000年の永井 大さんに始まり、金子 昇さんや玉山鉄二さんも実はスーパー戦隊出身。ピンクに女性メンバーがいるから、たまに恋愛要素が入ってきたりと、大人が楽しめる内容なのも◎。

2000年代中盤になると、『侍戦隊シンケンジャー』の松坂桃李さんをはじめ、『天装戦隊ゴセイジャー』の千葉雄大さんなど、スーパー戦隊をきっかけに大ブレイクを手にする俳優が続出。しかし、メインキャストがひとりの仮面ライダーとは違い、1作に5人ほどのヒーローが登場するため、全員がブレイクできるわけではない。現在、破竹の勢いで活躍している『海賊戦隊ゴーカイジャー』出身の山田裕貴さんは、インタビューで「スーパー戦隊出身の若手俳優は、作品が終わってからの数年が勝負」とシビアに捉えている。とはいえ、これが大きな経験になることは確か。シアターGロッソなどの劇場で顔出し出演があったり、接触イベントがあったりと、〝会いに行けるスーパー戦隊〟は、ハマればその沼は底なし！ぜひその沼に足を踏み入れてみては？

平成のスーパー戦隊シリーズ（テレビ朝日系）

- 永井 大『未来戦隊タイムレンジャー』（2000年～2001年）
- 金子 昇、玉山鉄二『百獣戦隊ガオレンジャー』（2001年～2002年）
- 塩谷 瞬、姜 暢雄『忍風戦隊ハリケンジャー』（2002年～2003年）
- 西興一朗、田中幸太朗『爆竜戦隊アバレンジャー』（2003年～2004年）
- さいねい龍二『特捜戦隊デカレンジャー』（2004年～2005年）
- 橋本 淳『魔法戦隊マジレンジャー』（2005年～2006年）
- 高橋光臣『轟轟戦隊ボウケンジャー』（2006年～2007年）
- 鈴木裕樹『獣拳戦隊ゲキレンジャー』（2007年～2008年）
- 古原靖久、徳山秀典『炎神戦隊ゴーオンジャー』（2008年～2009年）
- 松坂桃李、相葉裕樹『侍戦隊シンケンジャー』（2009年～2010年）
- 千葉雄大『天装戦隊ゴセイジャー』（2010年～2011年）
- 小澤亮太、山田裕貴『海賊戦隊ゴーカイジャー』（2011年～2012年）
- 鈴木勝大『特命戦隊ゴーバスターズ』（2012年～2013年）
- 竜星 涼『獣電戦隊キョウリュウジャー』（2013年～2014年）
- 志尊 淳、横浜流星『烈車戦隊トッキュウジャー』（2014年～2015年）
- 西川俊介、中村嘉惟人『手裏剣戦隊ニンニンジャー』（2015年～2016年）
- 中尾暢樹『動物戦隊ジュウオウジャー』（2016年～2017年）
- 岐洲 匠、南 圭介『宇宙戦隊キュウレンジャー』（2017年～2018年）
- 伊藤あさひ、結木滉星『快盗戦隊ルパンレンジャーVS警察戦隊パトレンジャー』（2018年～）

SHISON JUN

みんな大好き熱血ヒーロー・レッド

主人公であり、みんなを引っ張るレッドはその作品の顔！

スーパー戦隊といえば、元気で熱い、まっすぐなキャラでセンターを務めるレッドが注目を浴びるもの。とはいえ、同じレッドでも作品ごとにキャラクターは少しずつ異なる。

日本らしさを取り入れた『侍戦隊シンケンジャー』では、松坂桃李さんがブレイク。また、男らしさが目立つレッドが多いなか、愛らしいビジュアルで話題になったのが『天装戦隊ゴセイジャー』の千葉雄大さん。そして、『烈車戦隊トッキュウジャー』では〝かわいい〟とママたちがざわついた志尊淳さんが世に発見され、『獣電戦隊キョウリュウジャー』では竜星涼さんがちょっぴりおバカなキャラクターで人気を集めた。

2018年の『快盗戦隊ルパンレンジャーVS警察戦隊パトレンジャー』では、圧倒的なオーラを持つつやかな伊藤あさひくんと、マジメで古風な雰囲気を持つ結木滉星さんという、対照的なふたりがレッドにキャスティングされているのも面白い。

志尊 淳
『烈車戦隊トッキュウジャー』（テレビ朝日系／2014年〜2015年）

個性はカラフル♪多色メンバー

クールなブルーに元気なイエロー、影のブラックなど色トリドリ

注目すべきなのはレッドだけではない！『百獣戦隊ガオレンジャー』では、なんと玉山鉄二さんが〝ガオシルバー〟として登場。『侍戦隊シンケンジャー』で〝シンケンブルー〟を演じた相葉裕樹さんは、現在ミュージカルや舞台などで活躍し、ナチュラルなキャラクターで多くの世代に愛されている。そして、『海賊戦隊ゴーカイジャー』では、どんな役でもこなす山田裕貴さんを輩出。さらに、〝ゴーカイシルバー〟だった池田純矢さんは現在、俳優としてだけでなく舞台の演出も手がける実力派へと成長。現在〝ネクストブレイク株〟として様々な映画に出演し、歌手デビューも果たした横浜流星くんも『烈車戦隊トッキュウジャー』で〝トッキュウ4号〟を熱演。彼は『仮面ライダーフォーゼ』にも出演し、ライダーとスーパー戦隊のふたつに登場した貴重な経験者。今後さらなる人気を獲得すること間違いないはず。これから、さらにスーパー戦隊から誰がブレイクしていくのか目が離せない。

山田裕貴『海賊戦隊ゴーカイジャー』
（テレビ朝日系／2011年〜2012年）

YAMADA YUKI

SAKAMOTO SATSUKI

かわいすぎる双子の ちょっぴり大人顔王子

名前 — 阪本颯希

肩書き — 俳優

生年月日 — 2005年5月6日　出身 — 栃木県

デビュー — 2013年

HP — http://www.jobbykids.jp/product/

「かわいすぎる双子」として注目されること間違いなしの阪本兄弟。阪本颯希くんと阪本光希くんの見分け方は、頬にほくろがあるほうが光希くん、ちょっと丸顔なのが颯希くん（髪の分け方も反対！）。ふたりそろって出演するだけでなく、別々のお仕事が多いのは、個々がそれぞれイケメンだからこそ。『明日、ママがいない』（日本テレビ系）のリュウ役をはじめ、数々のドラマやCMに出演するなど順調にキャリアを積んでいる。趣味がけん玉とバレーボールというのも萌え要素しかない！ 今後、学生役で制服を着た日には、ときめきが止まらないはず。

SAKAMOTO ITSUKI

ずっと見つめていたい キュートな八重歯王子

名前 — 阪本一樹

肩書き — 俳優

生年月日 — 1998年5月6日　出身 — 兵庫県

デビュー — 2017年

Instagram ID — @sakamoto.itsuki　Twitter ID — @S_5itsuki6

HP — http://www.horipro.co.jp/sakamotoitsuki/

「ジュノン・スーパーボーイ・コンテスト」フォトジェニック賞を受賞するのも納得の、ちらりと八重歯がのぞく笑顔に射抜かれる人続出！ 初出演で初主演を務めた映画『サイモン＆タダタカシ』では、叶わない恋心を抱えながら想いを寄せる親友と旅をする切なすぎる青春を演じきり、俳優としてレベルアップ。プライベートはシャイで女性へのアプローチはできないタイプと言いつつ"振り回されるのが好き"と公言するところがニクい！ 実はプロを目指していたほどの野球少年だったんだとか。今は伸びしろだらけの彼がどう活躍していくのか見守りたい一心。

SASAMORI HIROKI

友達に自慢したい 理想の彼氏No.1王子

名前 — 笹森裕貴

肩書き — 俳優、モデル

生年月日 — 1997年6月21日　出身 — 東京都

デビュー — 2015年

Instagram ID — @hiro.0621.hiro　Twitter ID — @0621Hiro0621

HP — http://omnia.co.jp/sasamori.html

「関東ハイスクールミスターコン2015」でグランプリを受賞し、モデルや役者として活躍し始めた笹森くん。街を連れて歩きたい理想の彼氏ナンバーワンの爽やかなビジュアルは、文句のつけようなし！ 外見はチャラく見えがちだけど、大事にしているのは“感謝の気持ち”と“謙虚さ”。さらに、愛犬のチワワを愛し抜き、赤ちゃん言葉と一緒にSNSにアップするという、たまらなくかわいらしい一面も。最近では話題の舞台『サンリオ男子』に出演するなど、その愛らしいビジュアルを存分に活かしている。今後はモデルや役者として幅広く活躍しそう！

SAKAMOTO MITSUKI

かわいすぎる双子の ほくろがキュート王子

名前 — 阪本光希

肩書き — 俳優

生年月日 — 2005年5月6日　出身 — 栃木県

デビュー — 2013年

HP — http://www.jobbykids.jp/product/

CMやドラマなどで、今後、注目されること間違いなしの「かわいすぎる双子」の阪本兄弟。一卵性双生児のふたりの見分け方は、「ほくろがあるほう」が光希くんだ。光希くんは、『明日、ママがいない』（日本テレビ系）ではハン役でレギュラー出演を果たした。さらに颯希くんと一緒に映画『劇場版 SPEC～結～』や、ハウス食品の「バーモントカレー」やマクドナルド「ハッピーセット」のCMに出演するなど、今後もふたりの活躍を目にすることは多そうだ。まだまだ育ち盛りの13歳。いったいどんなイケメン双子になるのか、ふたりの成長が楽しみすぎる！

JEFFREY MALONE

色気たっぷりの ダンサブルハーフ王子

名前 — ジェフリー・マローン

肩書き — モデル

生年月日 — 2003年5月30日　出身 — 神奈川県

デビュー — 2015年

HP — http://www.stardust.co.jp/profile/jeffreymaron.html

2017年から雑誌『ニコ☆プチ』（新潮社）のメンズモデルとして活躍。美しいまつ毛にくっきり二重、長い手足とずば抜けた気品に圧倒される。目の下のセクシーなほくろは、大人になってからのダンディな彼を想像させる魅力のひとつだ。スターダストプロモーションの研究生育成プロジェクト「BATTLE BOYS」では、ダンスレッスン中の鋭く真剣な表情も見せ、年齢以上の色気と覚悟を感じさせる。この顔でスポーツが得意だなんて、もうモテないわけがない……！　頼もしいライバルとともに、世界へ羽ばたいていく姿を応援したい。

SANA HIROKI

あまあまタレ目の 好青年ミュージカル王子

名前 — 佐奈宏紀

肩書き — 俳優

生年月日 — 1997年2月25日　出身 — 愛知県

デビュー — 2013年　所属 — SUNPLUS

Twitter ID — @hrk_sana　Blog — https://lineblog.me/sunplus/

HP — https://www.sunmusic.org/profile/sana_hiroki.html

2013年にテレビドラマ『幽かな彼女』（フジテレビ系）の西原 翼役でデビュー。若手俳優ユニット・SUNPLUSの一員として活躍し、ミュージカル『テニスの王子様』の“海堂 薫”や舞台『犬夜叉』の“殺生丸”など、クールな一匹狼の役を好演。そばで聞いていたい優しくて品のある低い声は色っぽさもあり、役によって印象が変わるのが楽しい。甘いタレ目にしっかりと骨ばった鼻、ザ・好青年なまぶしい笑顔にみんなメロメロだ。2018年の舞台『ひらがな男子』では明るく前向きな主人公の“あ”に抜擢。知れば知るほど好きになる愛され王子を要チェック！

父性を超えて母性を発揮！包容力王子

名前 — 志村玲於

肩書き — アーティスト、俳優

生年月日 — 1999年1月29日　出身 — 東京都

デビュー — 2015年　所属 — SUPER★DRAGON

Blog — https://lineblog.me/superdragon/

HP — http://www.stardust.co.jp/section1/profile/shimurareo.html

思わず抱きしめたくなる黒目がちの瞳が愛らしいベビーフェイスの持ち主でありながら、ダンスボーカルグループ・SUPER★DRAGONをまとめる最年長。メンバーからはお母さん的存在と言われるほど慕われているが、プライベートでは動物大好き、常に柴犬の画像をケータイフォルダに保存してニヤニヤしている癒し系。ブレイクダンスやアクロバットもこなす驚異的な身体能力と、まわりも見渡せる社会性を持ちあわせた、一家にひとりは欲しい有能株。その包容力と個性豊かなグループをまとめる手腕で、将来はすすんで育児をこなす良きパパになりそう。

SHIBASAKI RAKU

あざとさを味方にみんなから愛される王子

名前 — 柴崎 楽

肩書き — アーティスト、俳優

生年月日 — 2004年4月28日　出身 — 千葉県

デビュー — 2012年　所属 — SUPER★DRAGON

Blog — https://lineblog.me/superdragon/

HP — http://www.stardust.co.jp/section3/profile/shibasakiraku.html

SUPER★DRAGONの末っ子で、女の子のような愛らしい中性的なビジュアルが魅力の楽くん。2004年生まれにもかかわらず90年代のアメリカンロックをこよなく愛し、年上メンバーをいじる図は微笑ましさ200％。映像作品では主演の幼少期を演じることが多いが、逆転現象は時間の問題。プライベートではりんごの飾り切りにハマるほど料理の腕はプロ級！ 芸術的な料理を作ってしまうセンスを持つ楽くんに、「記念日にはどんな料理を作ってくれるんだろう♡」と妄想する女子多数。この数年でグッと大人になっていくであろう瞬間を見逃したくない！

SHO

麗しの“インスタ映え”
ハーフ王子

名前 — **翔**

肩書き — モデル、俳優

生年月日 — 2006年5月9日　出身 — ロサンゼルス

デビュー — 2018年

Instagram ID — @sho0509official　Twitter ID — @Sho0509official

HP — https://www.7th-avenue.co.jp/sho

「美しすぎる！」とSNSであっという間に話題となり、バラエティ番組でも取り上げられた“インスタ映え”のニュープリンス。ドイツ人と日本人のハーフで、絵本に出てくる外国の王子様のような中性的な顔立ちにまあるい瞳、長いまつ毛に表れる気品が世の女性を虜にする。2018年のテレビドラマ『花のち晴れ～花男 Next Season～』（TBS系）では“神楽木 晴”の幼少期を演じ、持ち前の品の良さをいかんなく発揮。英徳学園のえんじ色のモダンな制服がこれまた似あう！ 青年へと成長し、その類まれなる美貌と存在感が洗練されていく過程をとくとご覧あれ。

JEAN KAITO

美顔の高速ラッパー
無限の引き出し王子

名前 — **ジャン海渡**

肩書き — アーティスト、モデル、俳優

生年月日 — 2000年5月4日　出身 — 東京都

デビュー — 2012年　所属 — SUPER★DRAGON

Instagram ID — @tsuyojean_official

Blog — https://lineblog.me/superdragon/

HP — http://www.stardust.co.jp/section3/profile/jankaito.html

スーパーモデルも驚くハッと息をのむ端正なビジュアルの彼は、トルコと日本のハーフ。 得意のラップの実力を磨き、英語も勉強中という向上心の高さ、作詞作曲や小説を書くことにも挑戦するなど好奇心もあり、実はアニメが大好きという一面も。さらにSUPER★DRAGONでは、年上組でありながらムードメーカーというギャップに心打たれる。パフォーマンスでは普段から腕を磨いているフリースタイルのラップを披露。まだまだ引き出しを持つ可能性の塊にもかかわらず謙虚な姿勢を崩さない。親が書く育て方の本を読みたいナンバーワン。

さ

SETO TOSHIKI

鋭い目力が魅力の 大人&妖艶王子

名前 — 瀬戸利樹

肩書き — 俳優　生年月日 — 1995年10月7日

出身 — 千葉県　デビュー — 2013年

Instagram ID — @toshiki_seto_official/

Twitter ID — @seto1007toshiki

HP — http://www.ken-on.co.jp/artists/seto

『仮面ライダーエグゼイド』（テレビ朝日系）で注目を浴び、2018年10月〜12月期の『深夜のダメ恋図鑑』（ABCテレビ・テレビ朝日系）に出演するなど様々な作品で活躍中。『シグナル 長期未解決事件捜査班』（フジテレビ系）で見せた怯え戸惑う表情に「守ってあげたい」と地団駄を踏んだ女子も多いはず。甘いものが苦手なのに、『仮面ライダーエグゼイド』で甘いもの好きの設定だったため、スイーツを苦労して食べたという頑張り屋な素顔もたまらない。凛々しい表情と強い目力が魅力の彼の写真集には大人で妖艶な表情も！ 正座しながらその成長を見守りたい。

SUZUKI JIN

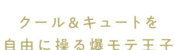

クール&キュートを 自由に操る爆モテ王子

名前 — 鈴木 仁

肩書き — 俳優、モデル

生年月日 — 1999年7月22日　出身 — 東京都

デビュー — 2016年

Instagram ID — @jin_suzuki_722

HP — http://artist.amuse.co.jp/artist/suzuki_jin/

抜群のスタイルと小さなお顔で雑誌『MEN'S NON-NO』（集英社）のモデルをしながら、『花のち晴れ〜花男Next Season〜』（TBS系）ではC5の一員としてみんなを魅了する華道男子、“成宮一茶”を熱演。金髪&キュートな表情で世のお姉さまをキュンとさせたかと思えば、MEN'S NON-NO WEB「365 STYLE」ではクールで大胆なファッションを着こなすオシャレっぷりを披露。大好きな「LAD MUSICIAN」をサラリと着こなしながらクシャっと笑う姿は爆モテ注意報が発令中！ “一茶”とはまた違うキャラクターを演じてくれるのが楽しみで仕方ない！

TAKAO HAYATO

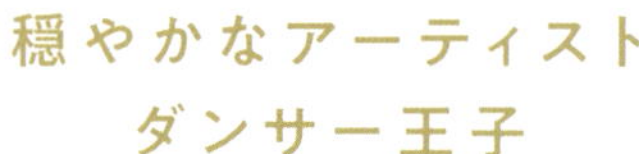

穏やかなアーティスト ダンサー王子

名前 — 高尾颯斗

肩書き — アーティスト　生年月日 — 1999年9月17日
出身 — 静岡県　デビュー — 2015年
所属 — さとり少年団

Instagram ID — @satoriboysclub　Twitter ID — @satoriinfo
Blog — https://lineblog.me/satoriboysclub/
HP — http://www.stardust.co.jp/profile/takaohayato.html

ダンス＆ボーカルユニット・さとり少年団のダンサーとして活躍し、どんな髪色でも似あってしまうオシャレ番長の颯斗くん。表現の振り幅が広く、関節や指の流れを意識したダンス、顔のアップでさらりとキメる流し目など、アーティスト性が光る。童顔ながら太くたくましい首、がっちりとした肩幅がギャップとなり、切れ長なタレ目は笑うとふにゃっと目尻が横に広がってわんこのようなかわいさを放つ。メンバーといるときは低めの穏やか＆爽やか王子ボイスで主にツッコミ役を担当。ピカイチの包容力と表現力でグループを引っ張ってくれるはず。

DAIGO KOTARO

舞台の中心で咲き誇る 爽やかプリンス

名前 — 醍醐虎汰朗

肩書き — 俳優
生年月日 — 2000年9月1日
出身 — 東京都　デビュー — 2016年

Instagram ID — @daigokotaro　Twitter ID — @daigokotaro
HP — http://a-light.jp/talent/daigo-kotaro

デビューから1年ほどで舞台『弱虫ペダル』の主演を務めたザ・ニューホープの虎汰朗くん。どこか頼りないけどまっすぐで爽やか、みんなが力を貸したくなる主人公の“小野田坂道”を熱演。SNSでは初々しいピースや朗らかなピュアスマイル、きょとん顔の歯みがきショットを見せ、マイナスイオンを放出しまくり。『弱虫ペダル』のメンバーとの仲睦まじい写真から、彼の愛されオーラが存分に伝わる。テレビドラマ『先に生まれただけの僕』（日本テレビ系）や映画『セブンティーンモータース』にも出演。あらゆるメディアで癒しの笑顔を振りまいてほしい。

た

TAKAHASHI FUMIYA

美肌&透明感がまぶしい
クッキング王子

名前 — 高橋文哉

肩書き — 俳優　生年月日 — 2001年3月12日

出身 — 埼玉県　デビュー — 2017年

Instagram ID — @fumiya_0_3_1_2　Twitter ID — @fumiya_0_3_1_2

Blog — https://ameblo.jp/takahashi-fumiya/

HP — http://a-light.jp/talent/takahashi-fumiya

「男子高生ミスターコン2017」でグランプリを受賞した選ばれしニュープリンス。SNSでは特技の料理を活かし、豚バラ大根や揚げ餃子、ごぼうサラダなど、思わずお嫁さんにしたくなるような家庭的なお弁当の写真を更新。制服姿や撮影時のオフショット、素の表情が見られる私服姿もこだわりのトリミングでアップするイマドキ男子だ。うるつやの唇と大きな黒目の確信犯な表情は年上女性の母性をくすぐる気満々！ 2018年7月には恋愛リアリティー番組『太陽とオオカミくんには騙されない』（AbemaTV）にも出演、脂のりまくりの彼に釘づけになりそう。

TAKASUGI MAHIRO

文句ひとつ言わせない
パーフェクトプリンス

名前 — 高杉真宙

肩書き — 俳優

生年月日 — 1996年7月4日　出身 — 福岡県

デビュー — 2009年

Instagram ID — @mahirotakasugi_　Twitter ID — @MahiroTakasugi_

HP — http://www.spicepower.jp/profile/mahiroTakasugi.html

少女マンガの作画よりも美しい国宝級のビジュアルを持つパーフェクトプリンス。病弱な役から宇宙人、さらにはギャングの役までこなすカメレオンぶりは圧巻!! 映画『虹色デイズ』では、ナチュラルで等身大、ちょっぴりオタクな男子高校生という、実際の彼が持っている面をフルコンボした役を提供してくれる。そんな痒いところに手が届く“振り幅”には感服。どんなときも冷静で、転びそうになればいつも一歩前で手を差し出してくれそうな“彼氏感”はまさに高嶺の花。出会ってしまったら好きにならずにいられない、そっとそばから見守ることだけでも許してほしい！

TAKIZAWA RYO

洗練されたボイスで
魅了する実力派王子

名前 — 滝澤 諒

肩書き — 声優、俳優　生年月日 — 1998年2月14日

出身 — 神奈川県　デビュー — 2008年

Twitter ID —@t_ryo_official

Blog — https://lineblog.me/takizawaryo/

HP — ttp://amuleto.jp/talents/takizawaryo.html

劇団四季『ライオンキング』のヤングシンバ役を務めた確かな演技力と歌唱力を持ち、新感覚アイドルユニット・Hi!Superbではキレのあるダンスを披露している諒くん。キャラクターの表情まで想像させてしまう圧倒的な声の表現力は重要なアピールポイントだ。2017年の『スタミュ』、2018年12月の『歌劇派ステージ「ダメプリ」ダメ王子VS完璧王子（パーフェクトガイ）』では初主演を務めるなど、舞台俳優としても活躍中。色白の肌と切れ長でつぶらな瞳のわんこフェイスは放っておけない愛らしさ。実力派のひとりとして追いかけたい。

TAGAWA SHUNJI

マジメでピュアな
“まっすぐ”王子

名前 — 田川隼嗣

肩書き — 俳優

生年月日 — 2000年12月25日　出身 — 長崎県

デビュー — 2016年

Twitter ID — @tagawashunji25

HP — http://artist.amuse.co.jp/artist/tagawa_shunji/

「ジュノン・スーパーボーイ・コンテスト」出身、地元の長崎と東京を行き来しながら『ローゼンクランツとギルデンスターンは死んだ』や、『いまを生きる』などの舞台で活躍中。正統派俳優として経験を積みながら、恋愛リアリティー番組『真夏のオオカミくんには騙されない』（AbemaTV）では等身大の恋する男の子の一面を見せながらも、クライマックスで視聴者を泣かせるなど、まだまだ引き出しはたっぷりある予感!! 今は慣れない東京で地図アプリを頼りに歩いているという田川くん。純粋＆まっすぐな瞳で見つめられたら思わず恋に落ちちゃいそう！

た

TANAKA KOKI

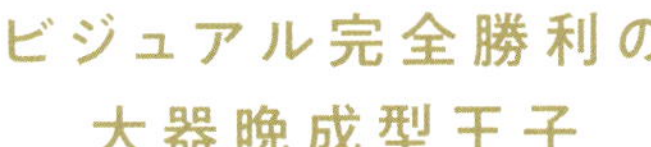

ビジュアル完全勝利の大器晩成型王子

名前 — 田中洸希

肩書き — アーティスト、俳優

生年月日 — 2003年2月27日　出身 — 東京都

デビュー — 2014年　所属 — SUPER★DRAGON

Blog — https://lineblog.me/superdragon/

HP — http://www.stardust.co.jp/section3/profile/tanakakouki.html

映画『バクマン。』で佐藤 健さんの幼少期を演じ、CMや子ども服のモデルなど小さな頃から大活躍。整ったお顔が愛らしく、将来のイケメンを約束されているビジュアル担当。でも、ひとたびマイクを持たせればヒューマンビートボックスを極め、目標は日本でブームを起こすこと！ SUPER★DRAGONのメンバーと一緒にいるときは等身大の"男子っぷり"を発揮しておおはしゃぎ。人見知りのためか、まだまだ子どもなのか、テンションのムラがあるところもかわいらしい。ライブのたびに彼の過保護な保護者が増えるのも合点がいく。大器晩成型間違いなし！

TATEISHI KEN

目力抜群！昭和っぽさ残る誠実王子

名前 — 立石ケン

肩書き — 俳優

生年月日 — 2000年1月17日　出身 — 神奈川県

デビュー — 2016年

HP — http://www.web-foster.com/pc/artists/Tateishi/Ken

映画『先生！』やテレビドラマ『先に生まれただけの僕』（日本テレビ系）などの学園ものに出演してきたケンくん。長いまつ毛にパッチリ猫目、存在感のある男らしい鼻は、堅実で誠実な美男子を確立。2019年公開の映画『ねことじいちゃん』では島に住む高校生の"幸生"を演じ、『ライフ・オン・ザ・ロングボード 2nd Wave』では特技のサーフィンを披露。ジャンルにとらわれない幅広い作品と役に出会い、輝きを増している。アプリ『スポーツブル』のWEB CMで見せた坊主姿が似あいすぎるのも、真のイケメンの証。今後は時代や年齢をまたぐ作品にも挑戦してほしい。

COLUMN 〈4〉

乙女の夢を全部かなえる“キラキラ映画”タイプ別徹底紹介！

スクリーンのなかにあふれるイケメンとの夢物語……。
キラキラ映画には女の子の夢と希望、たまに欲望がたっぷり！ そんな妄想をすべて実現してくれる最高の映画たちをカテゴリー別に徹底紹介。あなたの夢、叶えます！

文＝吉田可奈

Prince of MOVIE

強引でワガママなドS系男子

ちょっと乱暴で冷たい、でも本当は愛してくれている……。そんな妄想を実現してくれるドS男子に夢中（ただしイケメンに限る）！

壁ドン、床ドン、あごクイなど、社会現象になるほど様々な萌えシチュエーションを生み出したのが、〝ドS系男子〟。現実の男子にされたら恐怖さえ感じる特殊なシチュエーションも、〝王子〟相手なら毎日でもやってほしい……！ そのパイオニア的存在になったのが、『L♡DK』の壁ドン。〝学園イチのイケメンでツンデレ王子〟を、いまや日本を代表する実写化王子となった山﨑賢人さんが熱演。普段は暴言ばかりなのに、不意に優しい言葉で手を引いたり……、そんな彼と、布1枚を隔てて同居するという想像しただけでめまいがするような生活にドキドキが止まらない。まだまだ初々しい山﨑賢人さんの演技も見どころ。

その後、山﨑賢人さんが完全なるドSへと変貌した姿が観られる『オオカミ少女と黒王子』も必見！ 彼氏いない歴＝年齢の〝エリカ〟が、恋愛経験豊富な友達に見栄を張り、山﨑賢人さん演じる〝佐田恭也〟に彼氏としてふるまってほしいと懇願。その代償が〝絶対服従〟。とはいえ、ドS男子の〝あるある〟で、実は優しく、風邪気味なのに無理をして江の島デートに付きあってくれたり、看病しに行くといつもはかけてくれない感謝の言葉をかけてくれたり……。思わず〝そりゃ好きになりますわ〟と吐き捨ててしまうようなギャップにドハマリすること間違いなし。もはや山﨑賢人さんレベルの王子なら〝絶対服従〟どんとこい状態。むしろ全力でお願いを聞きにいきたい女子はそこらかしこにいるはず。

『オオカミ少女と黒王子』

［初回仕様］ブルーレイ プレミアム・エディション（2枚組）5,990円＋税
［初回仕様］DVD プレミアム・エディション（2枚組）4,990円＋税
ワーナー・ブラザース ホームエンターテイメント

誰もが認める正統派王子、福士蒼汰さん演じる〝黒沢大和〟が「好きって言わないとチュウするぞ」という殺人級のフレーズを世に放ち、すべての女子の心をかっさらった『好きっていいなよ。』もたまらない。奥手な主人公の〝めい〟が、好きという気持ちを認めることが怖くて黙っているのをいいことに、どんどんチュウする〝大和〟……。ちょっぴり引っ張ってもらいたい、強引でワガママな彼氏はまさに理想のS系男子その

Prince of **MOVIE**

もの。

そして次世代を引っ張るであろうドS系男子が小関裕太さん。爽やかさを炸裂させて油断させながら近づくエロさも持ちあわせる。『覆面系ノイズ』では事情があるとはいえ、健気に思いを届けてくれる女の子に対して徹底的に冷たい態度を貫きとおすドSっぷりを披露。とはいえ、ほんのりと影も感じさせる演技力はさすが。

さらに『わたしに××しなさい！』では、誰もから好意を寄せられていながらも、裏では腹黒く女子たちを見定めているという〝北見時雨〟を熱演。この秘密を知った〝雪菜〟からミッションを指示され、疑似恋愛を引き受けるのだが、要所要所でのぞく腹黒さに思わずドキッとしてしまう。何かを抱えながらも、人を好きになり、奔走するというひと癖もふた癖もある役を次々と演じる彼が、今後その演技力を活かしてどんな役に挑戦してくれるのか楽しみ。悪い顔と切ない顔のギャップからも目が離せない。

○

〝ドS系男子〟を語るうえで『黒崎くんの言いなりになんてならない』も外せない。〝俺に絶対服従しろ〟と発する悪魔級ドSの〝黒崎晴人〟を演じたのは、バラエティ番組での発言もすべてジェントル、世の女性すべてに〝神対応〟するジャニーズのプリンス、中島健人さん。

作品中でありえないほど乱暴な指令をされても、ボクシング並みの勢いで壁ドンをされたとしても、許してしまうどころか、好きにさせてしまうのは、彼が持つ素のジェントルな部分があるからこそ。大胆なキスシーンや、驚くほど激しい壁ドンを超えた床ドンに胸キュン必至だ。

○

〝ドS系男子〟すべてに言えるのが、〝不器用〟だということ。照れくさかったり、素直じゃないからこそ、相手にぶっきらぼうになったり、暴言を吐いてしまったり……。まさに〝男子〟な性格に、思わずキュンとしてしまう恋心に共感しまくり。ただ、ちょっと乱暴で許されるのは王子に限った話。キラキラ映画でドS男子を補給して、現実では優しい男子を見つけることを心からオススメする！

『わたしに××しなさい！』（玉城ティナ、小関裕太／2018年6月公開）

映画『わたしに××しなさい!』

発売日：2019年1月9日　価格：4,700円＋税　発売：東映ビデオ

『黒崎くんの言いなりになんてならない』

原作：マキノ『黒崎くんの言いなりになんてならない』（講談社「別冊フレンド」刊）
脚本：松田裕子
Blu-ray 4,200円＋税　DVD 3,300円＋税
発売元：バップ

必要不可欠！切ない噛ませ犬

ふたりの恋路を邪魔しながらも、結局実らず、辛い思いをする〝噛ませ犬系男子〟。現実なら〝そっちのほうが幸せになれるよ……〟と思う逸材だらけ！

ヒロインとイケメンをくっつけるためには絶対的に必要となる〝第三者〟の存在。ここではその〝噛ませ犬〟となっている子たちに注目!!

○

様々な作品で噛ませ犬を演じてきた山田裕貴さん。『となりの怪物くん』では、失恋した〝雫〟を優しくなぐさめ、「好きにならなくてもいいからそばにいてあげる」という、拝みたくなるような仏っぷりを見せるも、振り向かせられることなく、潔く諦める〝山口〟を熱演。自分の感情を押し殺しながらそっとそばにいる切なさは、計り知れないもの。

○

『あのコの、トリコ。』は、3人の幼なじみの物語。美男美女の成功者で両思いのふたりと、吉沢 亮さん扮する地味な主人公の〝頼〟が再会し、三角関係に。恋をして冴えない自分を変えようと奮闘する〝頼〟。本来なら噛ませ犬で終わるところを、努力とヒロインを大切に想う気持ちで振り向かせる展開にドキドキ。地味で冴えない男の子がメガネを取ると光り輝く、それがまた吉沢 亮という女子の夢をそのまま密封パックでお届けしてくれる最高眼福の作品。ちなみに最終的に本当の噛ませ犬となってしまった役の杉野遥亮さんもきらびやかな美青年なので、視聴者としては〝もはやどちらでもいい……〟と青空を仰いでしまう美しい作品だ。

○

そして次世代〝噛ませ犬キャラ〟の本命、佐藤寛太くんも見逃せない。『恋と嘘』では医者の息子で、ちょっとSなのは最初だけ。あとはひたすら甘く好きな人を想い続ける姿がたまらない。『わたしに××しなさい！』では、ソフトな茶髪でひたすら幼なじみを愛し抜き、自

『あのコの、トリコ。』
（吉沢 亮、新木優子、杉野遥亮／2018年10月公開）

『あのコの、トリコ。』

10月5日（金）全国ロードショー！
出演：吉沢 亮、新木優子、杉野遥亮
原作：白石ユキ『あのコの、トリコ。』
（小学館「Sho-Comiフラワーコミックス」刊）
監督：宮脇 亮　脚本：浅野妙子　配給：ショウゲート

分の気持ちを必死におさえる姿に、思わずスクリーンをぶち破って〝絶対一途な彼を選んだほうが幸せにしてくれるよ!?〟とヒロインを説得したくなるはず。

『恋と嘘』（森川 葵、北村匠海、佐藤寛太／2017年10月公開）

『恋と嘘』
ブルーレイ&DVD発売中
販売元：エイベックス・ピクチャーズ

出演：森川 葵、北村匠海、佐藤寛太

ちょっとやんちゃなワイルド王子

女子という生きものは理解不能な男子の荒々しさに惚れてしまうもの。いけないと思っていても、つい惹かれてしまう、ワイルド系男子に注目！

制御不能な不良の危なっかしいところを好きになってしまうのが本能というもの。『HiGH & LOW』シリーズは、ワイルド系王子が総出演。LDH所属の俳優&アーティストが集い、さらに林 遣都さん、窪田正孝さん、山田裕貴さん、窪田正孝さんなども名を連ね、美しさと危うさが同居しつつ、男のロマンを具現化。ハリウッド張りのアクションに思わず大興奮！

間宮祥太朗さんが演じたワイルドだけど、実はチキンという役が見事なまでにハマり役だった『トリガール！』も名作。鳥人間コンテストを題材に、友情、恋愛、青春すべてを体感できる最高の青春ムービーになっている。

そんな、〝何を考えているのかわからないワイルド系〟を演じたら右に出るものがいないのが菅田将暉さん。『となりの怪物くん』では、悪いことが許せず、持ち前の怪力を使い暴力で相手をぶちのめしてしまうが、心はピュアな大型犬のような男の子〝春〟を熱演。思わずわしゃわしゃ頭をなでたくなるような演じっぷりはあっぱれ。はたまた『溺れるナイフ』では、いつ消えてしまうかわからない、傲慢なほどに激しく自由な〝コウ〟を好演。暴力的で最高にエロいキスシーンは話題に。

一見、ワイルドな〝オラオラ系〟は〝王子〟と対極かと思いきや、女子のことを体を張って守ってくれる男気あふれる存在。実は一番信頼度が高い〝王子〟なのかも！

『となりの怪物くん』
（菅田将暉、土屋太鳳／2018年4月公開）

『となりの怪物くん DVD 通常版』
2018年11月3日発売　¥3,800＋税
発売元：講談社
／博報堂DYミュージック&ピクチャーズ
販売元：東宝

こんな関係が理想！健気な一途王子

一途に相手を思い続ける姿に人は心打たれるもの。しかし、純愛映画には大きな試練がつきもの。そこも含めて一途さにときめいて！

一途に思い続ける純粋な恋に与えられる過激な試練から目をそむけないで……。

なかでも『ママレード・ボーイ』で吉沢 亮さんが演じた〝遊〟と、〝光希〟はふたりとも純粋にお互いを想っているにもかかわらず、〝遊〟の勘違いにより別れてしまうという切ない展開が待ち受け、号泣。ホロリと泣く吉沢 亮さんの美しい涙は美術館に飾るべき。

先述した『あのコの、トリコ。』でも一途に幼なじみを思い続け、その子のためなら何でもできてしまう一途さを熱演したように、もう日本代表一途王子でいいのでは。

『兄に愛されすぎて困ってます』での片寄涼太さんが演じた〝おにい〟もとにかく一途。血のつながっていない妹に近づく男子をすべて蹴散らし、最終的にちゃんと両思いになるところも含めて愛らしい。あれだけ好きになってもらえたら、それは本望。見た人全員〝おにい〟が欲しくなること請け合い。

好きになった人が実は血がつながっているのではと悩んだり、兄妹なのに実は血がつながっていなかったりとトンデモ設定だけど、〝まっすぐ健気に相手を好きになる〟という根底が強くあるから、観た人の心を癒し、恋愛をしたいと思わせてくれるのだろう。

『覆面系ノイズ』では、小さな頃に偶然浜辺で出会った女の子をずっと愛し続け、そばで見守る〝ユズ〟を志尊 淳さんが熱演。気持ちが自分にないことを理解し、自分の気持ちをひた隠しにする姿に涙……。叶わない恋ほど、美しい。

そのほかにも、病気のために相手に諦めようと促す『恋と嘘』、まさかの展開に涙が止まらない『ぼくは明日、昨日のきみとデートする』、タイムスリップして恋に落ちる『ReLIFE』など、一途系映画は盛りだくさん。ピュアな気持ちになりたいときに観てほしい。

『覆面系ノイズ』
（中条あやみ、志尊 淳、小関裕太／2017年11月公開）

『覆面系ノイズ』
発売・販売元：ポニーキャニオン
価格：［スタンダード・エディション］
DVD¥3,800（本体）＋税、
［スペシャル・エディション］
Blu-ray¥6,800（本体）＋税、
DVD¥5,800（本体）＋税、

た

TANAKA RIKU

地元を愛する爽やか スマイル・リア恋王子

名前 — 田中理来

肩書き — 俳優

生年月日 — 1997年5月23日　出身 — 宮城県

デビュー — 2015年　所属 — XOX

Instagram ID — @tanaka__riku　Twitter ID — @tanaka_riku

Blog — https://ameblo.jp/riku9523/

ダンスボーカルグループ・XOXのメンバーとしてデビュー。現在は法学を勉強する現役大学生で、実は元『天才てれびくん』（NHK Eテレ）のてれび戦士だったエリート。地元・宮城県をこよなく愛し、好きな地元のB級グルメは、ずんだシェイクとひょうたん揚げなんだとか。ファッションが好きだと公言するだけあって、スタイルの良さもピカイチ。どんなジャンルの歌とダンスもこなし、ライブでは爽やかスマイルを見せてくれる、これぞ“リア恋”!? スタイリッシュでまぶしい存在ながら、素朴な一面をのぞかせてくれた瞬間に思わずドキッとしてしまう。

TANAKA TAKETO

存在感抜群！ 硬派なエリート王子

名前 — 田中偉登

肩書き — 俳優

生年月日 — 2000年1月24日　出身 — 大阪府

デビュー — 2010年

HP — https://aoao-tt.co.jp/prof_tanaka.html

12歳でテレビドラマ『13歳のハローワーク』（テレビ朝日系）の主人公である“小暮鉄平”の幼少期の役に抜擢され、大胆で快活な性格の少年を好演した偉登くん。しっかり眉毛とやんちゃな口もとがあどけなかった彼も高校を卒業。硬派なハッキリとした顔立ちが役の幅を広げ、2018年の映画『孤狼の血』では血気盛んな若手ヤクザを熱演。若手俳優が集う青春ドラマ『覚悟はいいかそこの女子。』（TBS系）や映画『アイスと雨音』など話題作にもひっぱりだこ。タレ目の優しい瞳が柔らかさも持ちあわせているから、今後も様々な役柄で活躍してくれそう。

撮影：草場雄介

TSUNA KEITO

ゆるふわフェイスの
癒し系中毒王子

名前 — 綱 啓永

肩書き — 俳優

生年月日 — 1998年12月24日　出身 — 千葉県

デビュー — 2017年

Twitter ID — @27K_1224
HP — http://www.watanabepro.co.jp/mypage/10000082/

第30回「ジュノン・スーパーボーイ・コンテスト」のグランプリに輝いた啓永くん。文句なしの爽やかさと透明感、キュートなハニカミが多くの視線を集め、2ヵ月で磨き上げた見事なサックス演奏をコンテストで披露して話題に。その集中力と度胸も今後の活躍につながるはず。まんまる黒目を包むキュートな瞳に意外と太めの眉毛、八重歯が見え隠れするちょっぴりゆるめの唇はずっと見ていても飽きない中毒フェイス。SNSではリラックスした表情も見せ、自己プレゼン能力の高さに脱帽。知ったら最後、見過ごせないマイナスイオン王子の未来をみんなで追いかけよう。

TANIMIZU RIKI

くりくり丸目の
ジェントルプリンス

名前 — 谷水 力

肩書き — 俳優

生年月日 — 1996年10月16日　出身 — 福岡県

デビュー — 2015年　所属 — SUNPLUS

Twitter ID — @riki_riki1016　Blog — https://lineblog.me/sunplus/
HP — https://www.sunmusic.org/profile/tanimizu_riki.html

舞台『あんさんぶるスターズ！ オン・ステージ』や『弱虫ペダル』など、話題の2.5次元作品に出演。第27回「ジュノン・スーパーボーイ・コンテスト」のファイナリストに選ばれデビュー。響く低音ボイスと愛くるしい笑顔で女子たちを虜にしている。SNSやバラエティ番組では、女心をくすぐる仕草や上目遣いの表情、台詞などをさらりと披露する力くん。テレビ神奈川制作のバラエティ番組『猫のひたいほどワイド』の月曜レギュラーも務め、リポートにも挑戦中！ 俳優ユニット・SUNPLUSに所属し、同世代俳優たちとともに輝きを増しそうだ。

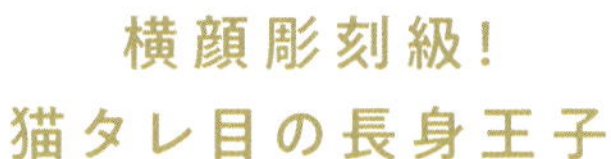

た
な

NAITO SHUICHIRO

横顔彫刻級！ 猫タレ目の長身王子

名前 — 内藤秀一郎
肩書き — モデル、俳優
生年月日 — 1996年5月14日　出身 — 埼玉県
デビュー — 2014年

Instagram ID — @syuichiro_naito　Twitter ID — @syuichiro05141
HP — http://asiapro.co.jp/profile/shuichiro_naito/

Instagramのフォロワー数20万人以上！ ファッション誌やメンズ雑誌などで活躍し、“しゅうくん”の愛称で親しまれる人気メンズモデル。185cmの長身に少しタレたパッチリ猫目、なぞりたくなる美しい鼻筋と顎のラインは、もはや2次元。恋愛リアリティー番組『真夏のオオカミくんには騙されない』（AbemaTV）や、ホットペッパービューティーのWEB動画など、数々のティーン注目のメディアにも出演している。SNSで見せるあどけない笑顔もこれまたズルい！ 同世代を離さず、お姉さんたちを誘惑する妖艶な流し目に今後も乞うご期待。

TSUBOI YUKI

気品あふれる 真顔崩したい系王子

名前 — 坪井優樹
肩書き — 俳優
生年月日 — 1999年4月3日　出身 — 東京都
デビュー — 2017年

HP — http://www.hirata-office.jp/talent_profile/men/yuki_tsuboi.html

2016年の「メンズノンノモデルオーディション」でファイナリストとなり、雑誌『smart』（宝島社）や『FINEBOYS』（日之出出版）でモデルとして活躍している。特技はバイオリン、趣味はゴルフと絵画だなんて、まるでマンガに出てくるイケメン御曹司のよう。憂いのあるタレ目に長いまつ毛、ふっくらとした唇、ミステリアスな雰囲気が女子たちの興味をそそる。テレビドラマ『やすらぎの郷』（テレビ朝日系）や『明日の約束』（フジテレビ系）にも出演。いろんな表情が見たくなる“真顔崩したい系王子”に、ついに出会ってしまった……！

NAKATA KEISUKE

ミステリアスな スタイリッシュ王子

名前 — **中田圭祐**

肩書き — 俳優、モデル

生年月日 — 1995年11月27日　出身 — 神奈川県

デビュー — 2014年

Instagram ID — @1127_n

HP — http://tristone.co.jp/actors/nakata/

雑誌『MEN'S NON-NO』（集英社）の専属モデルとして活躍する傍ら、俳優として数々の話題作に出演している。『花のち晴れ〜花男Next Season〜』（TBS系）では学園を執り仕切るC5のひとり・栄美杉丸役を演じ、独特の目力と存在感を発揮した。抜群のスタイルにエキゾチックな顔立ち、あどけない笑顔に加え、SNSで見せるアンニュイでスタイリッシュな表情に完全ノックアウト。趣味のひとつに銭湯めぐりを挙げるなど、庶民的な一面もまた魅力。深みと淡さをまとったミステリアス俳優の変遷に、今もこの先もずっと目が離せない！

NAKAJIMA KEN

完璧フェイスの 色黒ワイルド王子

名前 — **中島 健**

肩書き — モデル、俳優　生年月日 — 1997年2月20日

出身 — 埼玉県　デビュー — 2016年

Instagram ID — @njpw_k　Twitter ID — @NJPW_K

Blog — https://lineblog.me/nakajimaken/

HP — http://asiapro.co.jp/profile/ken_nakajima/

Instagram、Twitterともにフォロワー数10万人超えの人気メンズモデルの健くん。雑誌『Popteen』（角川春樹事務所）の専属モデルで読者人気の高い"神7"に選出され、メンズモデルで初の表紙を飾ったカリスマ。パッチリ二重の目に男らしい眉毛、ふっくらとした色気たっぷりの唇は、誰もが認める完璧なザ・イケメンフェイス。SNSで時折見せる美しく締まった身体もあらゆる女子の目を惹きつける。恋愛リアリティー番組『真夏のオオカミくんには騙されない』（AbemaTV）にも出演するなど、今後どんな俳優になっていくのか楽しみでたまらない……！

NAGANO RYOTA

照れ屋の
ハスキーボイスプリンス

名前 ― 長野凌大

肩書き ― 俳優

生年月日 ― 2003年7月16日　出身 ― 静岡県

デビュー ― 2015年

Blog ― https://ameblo.jp/ebidan/

HP ― https://www.stardust.co.jp/profile/naganoryouta.html

男性アーティスト集団・EBiDANのメンバーで、奥二重のクールな目とハスキーボイスが印象的な凌大くん。ダンスレッスン中のまっすぐな視線、インタビューを受けるときの大人びた話し方からアイドル意識の高さが滲み出ている。チャームポイントにぷっくりの唇を中心に寄せる"口マッシュルーム"を挙げ、照れながら披露する悶絶級のかわいさはお姉さんたちへの挑戦状だろう。テレビドラマ『花のち晴れ～花男 Next Season～』（TBS系）に出演するなど俳優業にも挑戦中。今後、凌大くんがどんなアイドルになるのか気になって仕方がない。

NAGATA SEIICHIRO

可憐なスマイルで
舞台を彩るゆるカワ王子

名前 ― 永田聖一朗

肩書き ― 俳優　生年月日 ― 1998年7月9日

出身 ― 静岡県　デビュー ― 2016年

Twitter ID ― @Nagatan_0709_

Blog ― https://ameblo.jp/nagata-seiichiro

HP ― https://www.sui-inc.net/nagata-seiichiro

若手イケメン俳優の登竜門であるミュージカル『テニスの王子様』の3rdシーズンで菊丸英二役に抜擢され、立て続けに舞台出演が決まっている聖一朗くん。キュートな口角とキレイな歯並びが、彼のトレードマークともいえる明るい笑顔の秘密。メイク映えする美麗な目尻とくっきり二重は舞台上で際立つ彼の武器だ。SNSでは萌え袖可能なゆったりファッションや帽子姿を見せることが多く、期待を裏切らないコーデでファンを喜ばせる。舞台『モブサイコ100』の続編に出演、『銀河英雄伝説 Die Neue These 』では主演を務めるなど大忙しの舞台界のホープだ。

NAKAMURA HASHINOSUKE

イケメン3兄弟の長男は
正統派プリンス

名前 — **中村橋之助**

肩書き — 歌舞伎役者

生年月日 — 1995年12月26日　出身 — 東京都

デビュー — 2000年

Blog — https://ameblo.jp/nakamura-hashinosuke4/
HP — http://www.narikomaya.jp/nakamura-hashinosuke.html

中村家のイケメン3兄弟の長男で現在22歳。青山学院大学出身の生粋の"王子様"。本名は中村国生くん。屋号は成駒屋。 祖父は7代目中村芝翫さん、父は8代目中村芝翫さん、母はタレントの三田寛子さん。4歳で九月歌舞伎座『京鹿子娘道成寺』所化、『菊晴勢若駒』春駒の童で初代中村国生を名乗り初舞台を踏む。2016年に4代目中村橋之助を襲名した。父である8代目中村芝翫さんを目指して、日々芸の道に励んでいるそう。整えられた美しい眉毛に切れ長の目、趣味がゴルフというのも王子感強し。これからいろんな役にチャレンジしてくれるに違いない！

NAKAMURA UTANOSUKE

中村家の末っ子
爽やか王子

名前 — **中村歌之助**

肩書き — 歌舞伎役者

生年月日 — 2001年9月10日　出身 — 東京都

デビュー — 2004年

HP — http://www.narikomaya.jp/nakamura-utanosuke.html

青山学院高等部に在学中の現役高校生で育ち盛りの17歳は、中村イケメン3兄弟の末っ子で本名は中村宜生くん。屋号は成駒屋。祖父は7代目中村芝翫さん、父は8代目中村芝翫さん、母はタレントの三田寛子さんという生粋の芸能一家に生まれ、2004年九月歌舞伎座『菊薫縁羽衣』宿星の王子、『男女道成寺』所化で初代中村宜生を名乗り、初舞台を踏んだ。実は3兄弟のなかで一番の「爽やか王子系」なのである。黒目がちの大きなタレ目がかわいすぎるうえ、小さい頃から歌舞伎に夢中なんだとか。梨園の成長が楽しみすぎる末っ子くんを今後も見守りたい。

NAKAMURA RUKITO

成長期真っ只中の
ダンス王子

名前 — 中村瑠輝人

肩書き — 俳優　生年月日 — 2004年4月20日

出身 — 東京都　デビュー — 2009年

Twitter ID — @ruki_too

HP — http://www.bluesky-pro.co.jp/profile/boys/NakamuraRukito/NakamuraRukito.html

NHKの大河ドラマ『西郷どん』で"人斬り半次郎"と呼ばれる"中村半次郎"の子ども時代を演じたのは、14歳の中学2年生。大人顔負けの剣さばきに、「あの子は誰!?」と目を奪われた女子もたくさんいるだろう。NHK-Eテレの『Eダンスアカデミー SEASON2』にレギュラー出演していた経験があり、実はリズム感も抜群のダンス王子！ 中学では陸上部に所属していて、運動神経抜群のスポーツ少年でもある。14歳でバリバリの成長期の彼は、SNSを日々更新中。順調にイケメンへと成長しているのを見ることができるこの時代に感謝。毎日欠かさずチェックせねば……！

NAKAMURA FUKUNOSUKE

野球が大好きな
梨園のスポーツ系王子

名前 — 中村福之助

肩書き — 歌舞伎役者

生年月日 — 1997年11月13日　出身 — 東京都

デビュー — 2000年

Blog — https://ameblo.jp/nakamura-fukunosuke/

HP — http://www.narikomaya.jp/nakamura-fukunosuke.html

イケメン中村3兄弟の次男は現在21歳。本名は中村宗生くん。屋号は成駒屋。祖父は7代目中村芝翫さん、父は8代目中村芝翫さん、母はタレントの三田寛子さん。2歳のときに歌舞伎座「五世中村歌右衛門六十年祭」の『京鹿子娘道成寺』の所化と『菊晴勢若駒』の春駒の童で初代中村宗生を名のり初舞台を踏んだ。2009年1月に国立劇場特別賞を受賞し、2016年10月1日から3代目中村福之助を襲名。東京ヤクルトスワローズの大ファンで、学生時代は野球部にも所属していたそう。シャープな目にスッとのびた鼻がワイルドな、歌舞伎界に颯爽と登場したスポーツ系プリンスだ。

NASU TAITO

トレンド発信の中心で輝くイケイケ王子

名前 — **那須泰斗**

肩書き — モデル、俳優

生年月日 — 1999年9月28日　出身 — 東京都

デビュー — 2016年

Instagram ID — @taitonasu　Twitter ID — @taitonasu
HP — http://a-light.jp/talent/nasu-taito

「男子高生ミスターコン2016」で準グランプリを獲得し、雑誌『Popteen』（角川春樹事務所）のメンズモデル、表参道の大人気メンズサロン『OCEAN TOKYO』の専属モデルとして、女子たちの支持を集めるだけでなく、同性の憧れ的存在に。SNSでは仲良しモデルとのキラキラショットが盛りだくさん！ AbemaTVのトレンド発信番組『イマっぽTV』やティーンのためのワイドショー番組『ゴシップジェネレーション』のレギュラーとしても活躍し、まさに同世代が注目してやまない存在。涼やかなパッチリ猫目の小顔王子を、今後も逃さずキャッチしたい。

NAKAMURA TARO

長身スポーツマンの2.5次元プリンス

名前 — **中村太郎**

肩書き — 俳優

生年月日 — 1996年10月5日　出身 — 千葉県

デビュー — 2014年

Twitter ID — @chuta_na
HP — https://www.sui-inc.net/nakamura-taro

ミュージカル『テニスの王子様』3rdシーズンに始まり、スポーツ系の『弱虫ペダル』や『ハイキュー!! 』などの舞台作品を中心に活躍中。2018年は舞台『プリンス・オブ・ストライド THE LIVE STAGE』や『ひらがな男子』、『おおきく振りかぶって～夏の大会編～』など、人気作品にひっぱりだこの太郎くん。186cmの長身に、凛とした切れ長の目、スッキリと整った眉毛、そのギャップで左のえくぼがチャームポイントに！ SNSではオシャレな私服姿や仲良し俳優とのショットが満載。実は寂しがり屋（？）な太郎くんを放っておけるわけがない!!

な

NOMURA YUKI

今後を担う正統派
狂言界の随一のプリンス

名前 — **野村裕基**

肩書き — 狂言師

生年月日 — 1999年10月9日　出身 — 東京都

デビュー — 2002年

HP — http://www.mansaku.co.jp/

人間国宝の野村万作を祖父に、野村萬斎を父にもつ野村家の長男という“超”がつくサラブレットもいつの間にか18歳の青年に。公文式のCMでの親子共演が印象的だが、古典芸能界のデビューは早く、初舞台は3歳。狂言『靭猿』の子猿役はNHKドキュメンタリーでも取り上げられ話題となり、2017年には万作の会「三番叟披キの会」で三番叟を見事に勤めた。身長はすでに父・萬斎さんを超え、小顔が際立つスタイルと爽やかな笑顔が魅力的。正真正銘の狂言界のプリンスは、代々受け継がれる芸の道を邁進し、新たなる道を拓いていくに違いない！

NOGUCHI JUN

ピンク髪も似あっちゃう
乙女系王子

名前 — **野口 準**

肩書き — 俳優

生年月日 — 2000年2月6日　出身 — 大阪府

デビュー — 2015年

Twitter ID — @junnicomusic

HP — https://www.sunmusic.org/profile/noguchi_jun.html

イケメン役者を育成する大人気アプリゲーム『A3！』が舞台化され、日々注目されるなか、期待せざるを得ないイケメンたちがわんさか出演する『MANKAI STAGE「A3！」～SPRING＆SUMMER2018～』のなかで、少女マンガ好きの乙女系男子・向坂 椋役を熱演。ピンク色の髪＋上目遣いの破壊力がとんでもなくて、まるでゲームのなかからそのまま飛び出してきたみたい！ その再現率の高さに、2.5次元ファンも大納得のはず。音楽とお芝居が大好きという“ザ・かわいい系”の彼に、ぜひこれからも年下系男子や子犬系男子をたくさん演じていってほしいっ！

COLUMN 5

面白いだけじゃない！カッコイイお笑い界の王子たち

ネタ番組が減少し、お笑いスターが生まれにくくなったといわれている最近だけど、いつの時代も面白くてカッコイイお笑い芸人は人気の的！劇場を沸かせている芸人から、これからブレイク必至の若手芸人まで一挙にご紹介！

文＝車 寅子

Prince of COMEDY

今をときめく売れっ子王子

まずはお笑い界の狭き門、賞レースで爪痕を残し、劇場やお茶の間で人気を博す売れっ子王子たちをチェック！

和牛・川西賢志郎
1984年生まれ／出身地：大阪
特技：地元の祭りの青年団ものまね

今一番ライブチケットが入手困難といわれる和牛のツッコミ担当・川西賢志郎さん。『M-1グランプリ』（テレビ朝日系）2年連続準優勝の実力だけでなく〝川西さま〟と崇められるほどの人気を兼ね備えた絶対王子。爽やかなルックスとは裏腹に、強めの河内弁をしゃべるギャップに子牛ちゃん（和牛ファンの名称）たちは悶絶!? 日本イチカッコイイといわれる「もうええわ」も必見。

ミキ・亜生
1988年生まれ
出身地：京都
特技：ブラックバスのものまね

2017年『M-1グランプリ』（テレビ朝日系）で中川家以来の兄弟コンビとして決勝に進出し、バラエティでも活躍するミキのボケ担当・亜生さん。兄の畳み掛けるツッコミに、とぼける姿と天真爛漫な笑顔に癒される人多数。売れるまで親戚に上岡龍太郎さんがいるという事実を明かしていなかったのも好感度が高いポイント！ 芸人になる前は介護士として働いていた意外な過去も。

カミナリ・たくみ
1988年生まれ
出身地：茨城
特技：バスケットボール

茨城訛りで和ませながらも、相方の頭を思いっきりひっぱたく〝ド突き漫才〟のジャンルでおなじみ、カミナリのツッコミ担当・たくみさん。大物にも物怖じせずツッコむ姿は、まさにお笑い界の切り込み隊長ならぬ、切り込み王子。バイオレンスなツッコミをしているのに、好青年に見えるのは整えた髪型と人柄のおかげ？ 理想の息子を思わせる言動と、すでに2児の父という実は堅実なところも影響していそう！

2018年、日本イチのピン芸人を決める大会『R-1ぐらんぷり』（フジテレビ系）で優勝した濱田祐太郎さん。自身の経験をもとにした「視覚障害を持つ人のあるあるネタ」の漫談はもちろん、妻夫木 聡さんや染谷将太さんに似ているというイケメンっぷりも話題に！ 本人は「確認のしようがない」という自虐ネタも含め、巧みな話術はイマドキの毒舌王子を彷彿とさせる。

濱田祐太郎
1989年生まれ
出身地：兵庫
特技：あんまマッサージ

未来のスター！ブレイク必至の若手王子

関東編

東京のライブシーンをメインに活躍している、ルックスと実力でスターになること間違いなしの王子たち。目をつけるなら今！

モグライダー・芝 大輔
1983年生まれ／出身地：愛媛
趣味：寺社仏閣巡り
※初のDVD『穴掘り天国DVD』発売

若手ナンバーワンツッコミと呼び声の高い、モグライダーのツッコミ・芝 大輔さん。和製リバー・フェニックス、もしくは矢沢あいさんのマンガから飛び出してきたような奇跡のルックス。その証拠に「芝 大輔の色気が止まらない」というまとめサイトがあるほど。リーゼントでチンピラ風白スーツ、舞台を降りるとサラサラヘアの好青年というギャップ。それでいて面白いなんて天は二物を与えすぎ！

東京ホテイソン

たける（左）
1995年生まれ
出身地：岡山
特技：備中神楽

ショーゴ（右）
1994年生まれ
出身地：東京
特技：ギター

若手芸人の高齢化が叫ばれるなか実際に若く、ブレイク直前なのが東京ホテイソンのたける（左）さんとショーゴ（右）さん。ツッコミのたけるさんは岡山の伝統芸能・備中神楽を20年以上続けていて、独特な言いまわしのツッコミに活かしている。貫禄があるせいか年齢より上に見られそうだが、メガネをとるとベビーフェイス。ショーゴさんも端正な顔立ちをしていて、なんとも華のあるふたり組！

ネオ渋谷系漫才と呼ばれ、パリピ口調でチャラいふたり組のEXITボケ担当・兼近大樹さん。チワワっぽいルックスを持ち、『ゴッドタン』（テレビ東京系）の若手芸人発掘企画では、「キャラがいい若手」部門で1位となり、チャラいけど意外と根は真面目、恋愛をしていないのをバレたくないと本音をこぼし、「ヤンキーだけど実は情に厚く素直でいいヤツ」という王道のギャップで好感度は上がる一方！

EXIT・兼近大樹
1991年生まれ
出身地：北海道
特技：ボディーミュージック

眞子さまの婚約者・小室 圭

さんに似ていると話題になり、王室系の顔をもつのはラブレターズの溜口佑太朗さん。コント中、色白で端正な甘いマスクをしてハイテンションでツッコむ姿に思わず笑ってしまうはず。結成2年目にして『キングオブコント』（TBS系）決勝に残った実力派。レギュラーでやっていたラジオ番組では自分のことを〝カリスマ〟と呼ばせる、意外とオラオラ系の一面も!?

ラブレターズ・溜口佑太朗
1985年生まれ
出身地：埼玉
特技：野球、日舞、タップダンス

関西編

関西を拠点に活動している彼ら。知名度が全国区となり、お笑い界を騒がせるのも時間の問題の関西弁王子をご紹介！

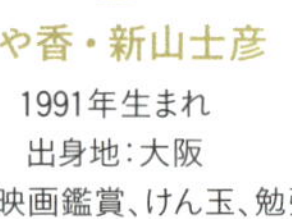

さや香・新山士彦
1991年生まれ
出身地：大阪
趣味：映画鑑賞、けん玉、勉強

今1番「出待ちがすごい」と話題なのが、『M-1グランプリ』（テレビ朝日系）2017のファイナリスト・さや香。勢いのあるテンション高めのネタで審査員の上沼恵美子さんも「スターになる」と太鼓判を押したほど！　なかでもボケ担当・新山士彦さんは若手らしい生意気キャラとジャルジャル後藤さん似の顔で、塩顔好き女子の心を鷲づかみ！「にーやん」と呼ばれるあざとかわいさも見逃せない。

数いるお笑い芸人のなかでも、もっとも顔面格差の激しいコンビと言われているアインシュタインのツッコミ担当・河井ゆずるさん。笑ったときにできる目尻のしわと八重歯は、ヤンチャ系王子の血を確実に受け継いでいる……！　関西ではテレビの露出も多く、『NHK上方漫才コンテスト』で優勝した実力派。みんなのお兄ちゃん的存在として若手を引っぱっていってほしい！

アインシュタイン・河井ゆずる
1980年生まれ
出身地：大阪
趣味：飲酒・映画鑑賞

若手芸人の登竜門、「NHK新人お笑い大賞」を受賞したこともあるトットのツッコミ担当・多田智佑さんは、誰もが認める男前。全身緑色のスーツに身を包んだ上でカッコイイのは、ルックスが良い証拠！　年下に慕われそうだが、「おばちゃんと話すのが好き」という年上キラーな発言も見逃せない。秋元康さんプロデュースのアイドルグループ『吉本坂46』に選ばれたのも納得！

トット・多田智佑
1986年生まれ
出身地：大阪
趣味：カラオケ、革靴の手入れ

見取り図・リリー
1984年生まれ
出身地：岡山
趣味：絵を描く、美術館巡り

NSC在学中に、ルックスがリリー・フランキーさんに似ていることから「リリー」と呼ばれるようになった見取り図のボケ担当・リリーさん。一見無表情でぶっきらぼうな強面だが、コンビ仲が良く、毎年誕生日プレゼントを贈りあっているというのもギャップ萌え！ 絵がうまく、美術の教員免許をもっている多才なアート系王子の魅力もアリ。淡々とボケ続ける姿も一度みたら病みつきに!?

超青田買い編

現時点でメディア露出は多くないものの、青田買いをしたいあなたにオススメしたいのは彼ら！ 本物の王子（?）から美少年まで幅広くご紹介！

都内のライブ会場で、『ベルサイユのばら』ばりの王子服に身を包み、小さな王冠を被った姿で女性たちの心をくすぐって（ざわつかせて）いるのがアントワネットの山口いくさん。一人称が〝王子〟で、「左からベッピンさんベッピンさん……ひとつ飛ばせるわけないじゃん」など、すべての女性に優しい紳士的な王子のネタは、通えば通うほどクセになってしまうはず！

アントワネット・山口いく
1989年生まれ
出身地：神奈川
趣味：サンリオグッズを集める

高身長、塩顔、芸人とは思えないローテンション……とサブカル女子が大好きな要素がつまった魅力満載のコマンダンテのツッコミ担当・石井輝明さん。ボソッとツッこむ姿や、おかしな設定のボケに翻弄される姿は笑えると同時にキュンとするポイント。オシャレな人が集まるSNS『WEAR』をやっていて、モデルのような佇まいも垣間見える。活動の場を東京に移し、ファン層を絶賛拡大中！

コマンダンテ・石井輝明
1984年生まれ
出身地：大阪
趣味：カフェ巡り、御朱印集め

いい塩梅・久保田星希
1988年生まれ
出身地：東京
趣味：料理

漫才コンビ、いい塩梅のボケ担当・久保田星希さん。イケメンと非イケメンに対して女性の態度が違うというネタで、チョウチンアンコウ似の相方の口から発せられる「流行り顔だからじゃない？」という名フレーズ。確かに、今をときめく竹内涼真さんや高橋一生さんを彷彿とさせる優男顔の久保田さん！ 雨に濡れた子犬のような顔、という表現がぴったり。ライブに通うなら今がオススメ！

子鹿のようなつぶらな瞳、スッと通った鼻筋、華奢なスタイルで女性顔負けのかわいいルックスを持つコスモスライダー・しょうちゃん。美少年すぎてお笑い界随一の女装男子といっても過言ではなく、結成3年目ながら女装でテレビ出演をしたことも。「プリッとChannel」というYoutubeチャンネルの準レギュラーもやっているので、動くしょうちゃんを見たければ要チェック！

コスモスライダー・しょうちゃん
1994年生まれ
出身地：東京
趣味：女装

FUKUZAKI NAYUTA

憂いと色気あふれる
お坊ちゃまプリンス

名前 — **福崎那由他**

肩書き — 俳優

生年月日 — 2001年11月5日　出身 — 茨城県

デビュー — 2011年

HP — http://artist.amuse.co.jp/artist/fukuzaki_nayuta/

小学生の頃からキッズモデルとして活動し、テレビドラマ『遺留捜査』（テレビ朝日系）で本格的に俳優デビュー。『とんび』(TBS系)や映画『もういちど』に出演、『るろうに剣心』では主人公の"緋村剣心"の幼少期を演じた。舞台『黒執事 地に燃えるリコリス』でシエル役に抜擢され、存在感を放つ色気のある演技で魅了。憂いのあるつぶらな瞳、大人びた男らしい首は少年と青年らしさをあわせ持つ。映画『光』や『いぬやしき』、テレビドラマ『マリオ～AIのゆくえ～』（NHK BSプレミアム）でも注目の演技力と儚いオーラから目が離せない！

HAMADA TATSUOMI

知的な演技派
ハイスペック王子

名前 — **濱田龍臣**

肩書き — 俳優

生年月日 — 2000年8月27日　出身 — 千葉県

デビュー — 2006年

Blog — http://www.foursp.jp/tatsuomi/blog/

HP — http://www.foursp.jp/tarent/tatsuomi/

NHK大河ドラマ『龍馬伝』で福山雅治さんが演じる"坂本龍馬"の幼少期を演じて注目を浴び、テレビドラマ『怪物くん』(日本テレビ系)でヒロシ役を演じるとその名を世に知らしめた。2018年には『花のち晴れ～花男Next Season～』（TBS系）でC5のひとり・平海斗役を演じ、子役時代のかわいらしい笑顔は少なかったものの、台詞の多い冷静な役どころで存在感を示した。透明感のある瞳に知的な雰囲気を醸し出す眉毛は変わらず、憂いの表情や男らしさが備わり、なお魅力的に。次はどんな顔を見せてくれるのか……また想像を超えてくるに違いない。

FURUKAWA TSUYOSHI

切れ長の目もとが
心を射抜く清涼王子

は

名前 — 古川 毅

肩書き — アーティスト、俳優

生年月日 — 2000年2月27日　出身 — 東京都

デビュー — 2015年　所属 — SUPER★DRAGON

Instagram ID — @tsuyojean_official
Blog — https://lineblog.me/superdragon/
HP — http://www.stardust.co.jp/section1/profile/furukawatsuyoshi.html

スターの登竜門「シーブリーズ」（資生堂）のCMで、女子の腕をぐっと引き寄せ「好きになりそう」とつぶやく男子！ 誰!? と発狂しそうになったあなた、古川 毅くんです。驚異的なスタイルとクールで切れ長な目もとで、映画『兄友』ではツン要素が強めなお兄ちゃんを熱演。ぶっきらぼうなイメージを持つ映像作品を見た後、SUPER★DRAGONのパフォーマンスをみたらもう沼はすぐそこ。長い手足を武器にダイナミックにダンスする姿と、メンバーとわちゃわちゃ絡む姿に鼓動が高まり目が離せなくなる。甘いセリフも突き放すセリフも全部、全力で受け止めたい。

FUJIMOTO KANATA

スターへの階段を上る
インテリジェンス王子

名前 — 藤本哉汰

肩書き — 俳優

生年月日 — 2003年7月14日　出身 — 東京都

デビュー — 2010年

HP — http://www.jobbykids.jp/product/

持ち前の知的なオーラで存在感を放つ人気子役だった哉汰くん。テレビドラマ『明日、ママがいない』(日本テレビ系)で育ちの良い容姿端麗な少年を演じ、主人公に想いを寄せる姿がかわいらしかった。くっきり二重の凛とした大きな瞳は大人っぽく、まだあどけない唇がチャーミング！ NHKの大河ドラマ『おんな城主 直虎』では幼少期の亀之丞（井伊直親）役を演じ、品のある透明感を発揮。病弱ながら主人公の“おとわ”を支え、優しく見守る姿に老若男女が虜に。2018年には映画『こどもしょくどう』で主演を務めるなど、本格派俳優への階段を駆け上がるスター候補だ。

HONDA KYOYA

ナチュラルな色気の魅惑プリンス

名前 — **本田響矢**

肩書き — モデル、俳優　生年月日 — 1999年6月20日
出身 — 福井県　デビュー — 2016年

Instagram ID — @k__y__o__y__a.h　Twitter ID — @kyoya00662200
Blog — https://ameblo.jp/honda-kyoya/
HP — http://a-light.jp/talent/honda-kyoya

「男子高生ミスターコン2016」でグランプリを受賞し、モデルに俳優にと、活動の幅を広げている響矢くん。雑誌『Popteen』(角川春樹事務所)のメンズモデルを務め、同世代の女子たちのハートを鷲づかみにしている。端正な眉毛とバランスの良いさっぱり二重のなかに、うるうるの大きな黒目。SNSではセクシーな唇から舌を出して見下すような視線を向けたり、まっすぐこちらを見てきたり、くしゃっと笑顔を散りばめたりと甘い誘惑がいっぱい。2018年はテレビドラマ『星屑リベンジャーズ』(AbemaTV)に出演、俳優としての成長も末恐ろしや。

FURUTA KAZUKI

恋するボイス♡キュートな中毒王子

名前 — **古田一紀**

肩書き — 声優
生年月日 — 1995年11月29日　出身 — 東京都
デビュー — 2011年

Twitter ID — @real_kazuki_f
HP — https://mausu.net/talent/furuta-kazuki.html

ミュージカル『テニスの王子様』の越前リョーマ役、『チア男子!!』の橋本一馬役を演じてきた一紀くん。現在はゲームなどのアプリサービスを中心に声優として活躍中。きゅるんとした大きな黒目にかわいすぎるあどけない口もとながら、キリッと上にあがった眉毛は男らしく、前髪を上げると印象が変わってドキッ。特技はヒップホップやアクロバットなどのダンス、空手(2段)で、運動神経抜群なのも重要ポイント。穏やかでかつハリのある聞き心地のいい声質は、安心感があり色気も含んでいる。中毒性のある彼の声に魅せられ、恋をしよう。

MAEDA OSHIRO

ひとなつっこさ健在
関西仕込みの自然派王子

名前 — **前田旺志郎**

肩書き — 俳優

生年月日 — 2000年12月7日　出身 — 大阪府

デビュー — 2005年

HP — http://www.shochiku-enta.co.jp/actor/maeda_o

４歳で子役デビューし、兄・航基くんとの漫才コンビ「まえだまえだ」で人気者となった旺志郎くん。兄弟で主演を果たした是枝裕和監督の映画『奇跡』で等身大の演技が話題となり、NHK大河ドラマ『平清盛』では主人公の幼少期を見事に演じきった。無邪気な笑顔とちゃきちゃきの関西弁で親しまれた彼も高校生。男らしい喉仏といつの間に低くなった声にドキッとさせられ、ひとなつっこい喋り方とのギャップに胸キュン必至。映画『海街Diary』で演じたヒロインの同級生役のように、女の子の心に寄り添う純朴な姿を、大人になっても見せてほしい！

MAEKAWA YUUKI

2.5次元界隈がざわめく
爽やか王子

名前 — **前川優希**

肩書き — 俳優　生年月日 — 1997年12月17日

出身 — 東京都　デビュー — 2016年

Twitter ID — @yuyukiki535

Blog — https://ameblo.jp/maekawa-yuki/

HP — http://www.spacecraft.co.jp/maekawa_yuuki/

『A3！』や『最遊記歌劇伝―異聞―』など、2.5次元の舞台で活躍中。野球部の役を演じる際には体を大きくするためにジムに通い、食事量を倍にして役作りに挑むなどお芝居にかける想いは人一倍。対するプライベートでは、彼いわく“社交的人見知り”なんだとか。仲良くなってから素顔を見せると意外と驚かれるという優希くん。「知れば知るほど新たな表情がみられるかも」とワクワクさせてくれる。1997年生まれにもかかわらず、なんとカラオケの十八番はWANDSの「世界が終わるまでは」。好きになるほどに深みが出てきそうな素顔に夢中！

MATSUMURA TOMOYA

まっすぐな性格ゆえの
マジレス王子

名前 — **松村和哉**

肩書き — アーティスト、俳優

生年月日 — 2004年4月15日　出身 — 長野県

デビュー — 2015年　所属 — SUPER★DRAGON

Blog — https://lineblog.me/superdragon/

HP — http://www.stardust.co.jp/section3/profile/matsumuratomoya.html

素朴さが残る表情にキュンとする、"ザ・私が育てたいアイドル"。"和哉"と書いて"ともや"と読む。SUPER★DRAGONではキレのいいダンスを披露し、まっすぐな言葉は時に刃を向く。Sっ気が垣間見えるマジレス加減が◎。それなのにまだ人見知りが抜けず、大好きなのは少年マンガ。俳優としては『ラストコップ／THE LAST COP』（日本テレビ系）や2018年秋公開のショートムービー『あの空の向こうに～夏雲～』に出演。演じてみたいのは「最後にフラれちゃう恋敵の幼なじみ」という、未来のバイプレイヤー。作詞やボイスパーカッションにも挑戦、さらに革命を起こし中！

MATSUOKA KOUDAI

少年ジャンプを地で生きる
圧倒的"男子"王子

名前 — **松岡広大**

肩書き — 俳優　生年月日 — 1997年8月9日

出身 — 東京都　デビュー — 2010年

Instagram ID — @koudai_matsuoka.official　Twitter ID — @koudai_official

Blog — https://ameblo.jp/kodai-matsuoka/

HP — http://artist.amuse.co.jp/artist/matsuoka_koudai/

舞台『NARUTO』で主演を3度もこなし、劇団☆新感線の『髑髏城の七人 Season月』、浪漫活劇『るろうに剣心』の"剣心の影"に抜擢されるなど舞台界で圧倒的な期待を集める実力派。ナルトを長年演じていたせいか元気で無邪気なイメージが強いが、映画『兄友』では、好きになった先輩を一途に思い、不器用がゆえに手段を選べない恋愛下手を熱演。プライベートではコミュニケーション能力の高さで、所属事務所の俳優仲間との交流も多いのだとか。友情・努力・勝利・不器用という"男子的"要素は、まわりに人が集まる、男友達に欲しいタイプ。

MINAMIDE RYOKA

ポテンシャルが高すぎる
やんちゃな美少年

名前 — 南出凌嘉

肩書き — 俳優

生年月日 — 2005年8月10日　出身 — 大阪府

デビュー — 2013年

Instagram ID — @ryokaminamide_official

HP — http://www.stardust.co.jp/section1/profile/minamideryoka.html

ドラマ『花のち晴れ〜花男Next Season〜』（TBS系）で、濱田龍臣くん演じるC5の頭脳派・平 海斗役の幼少期を演じた彼。役柄にあわせたメガネ+半ズボンの制服姿（しかも髪型は七三！）に萌え死ぬ人も多かったはず。これまでも、『モブサイコ100』（テレビ東京系）のモブ役の幼少期や、『痛快TV スカッとジャパン』（フジテレビ系）のショートドラマに出演するなど、12歳ながら経験豊か。彼のInstagramでは、中学1年生にもかかわらず、たまにドキッとする表情を見せるから、ほんと侮れない。そのポテンシャルの高さに今後も注目していきたい。

MIZUISHI ATOMU

現実味のない
美の権化プリンス

名前 — 水石亜飛夢

肩書き — 俳優

生年月日 — 1996年1月1日　出身 — 神奈川県

デビュー — 2012年

Instagram ID — @atom_mizuishi　Twitter ID — @atom_mizuishi

Blog — https://ameblo.jp/atom0811/

触れたら壊れてしまいそうな“儚さ”と、額縁に飾って永遠に眺めていたいと思わせる“美”をあわせ持つ言葉通りの美青年。その演技力が認められ、声だけで実写版の映画『鋼の錬金術師』の“アル”として出演したときは、嬉しい反面、そのお顔を拝めず悲しみに暮れたファンも多いはず。『テニスの王子様2nd Season』などの舞台でも活躍し、最近はBL作品『花は咲くか』や主演映画『笑いの枝折り』が公開されるなど注目度は全国区に。神々しい存在に見えて、SNSでは等身大の姿を披露し、本当に実在していることを教えてくれるのでひと安心。

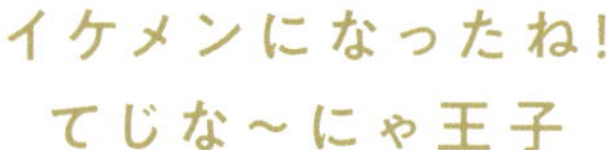

YAMAGAMI AKINOSHIN

イケメンになったね!
てじな〜にゃ王子

名前 — 山上暁之進

肩書き — マジシャン

生年月日 — 1995年12月1日　出身 — 東京都

デビュー — 2001年

Twitter ID — @Yamagami_B

HP — http://witch-magic.com/yamagami-b.html

ギネス認定の「世界最年少イリュージョニスト」である山上兄弟の弟・アッキー。「てじな〜にゃ」の掛け声で、大人顔負けのマジックを披露し、かわいすぎる子どもマジシャン兄弟として一世を風靡したのは遠い昔。あっという間に時は経ち、「お兄ちゃんのよっちは甘い系、弟のアッキーはやんちゃ系」というイメージはそのままに、見事に兄弟そろってイケメンに成長（育成大成功）！ 2018年4月からは落語芸術協会に所属し、ますます活動の幅を広げているのが楽しみすぎる!!　大人声での「てじな〜にゃ」にギャップ萌えしちゃいそう！

YASHIRO TAKUYA

俊敏なダンスで魅せる
短髪スポーティー王子

名前 — 矢代卓也

肩書き — 俳優　生年月日 — 1999年7月9日

出身 — 千葉県　デビュー — 2015年

所属 — 劇団番町ボーイズ☆／銀河団 from 劇団番町ボーイズ☆

Twitter ID — @pertinacity0701

HP — http://www.banchoboys5.com

ミュージカル『テニスの王子様』3rdシーズンで葵 剣太郎役を演じた卓也くん。ダンスボーカルユニット・銀河団 from 劇団番町ボーイズ☆で主にダンスを担当し、サッカー経験を活かした芯のブレない俊敏さを見せ、ダイナミックかつしなやかな踊りで見る者を魅了する。無駄のないまっすぐ整った眉毛にキラッと輝く大きな黒目の瞳、長いまつ毛と美白のすべすべ肌は女子超え確実。2018年8月には舞台『アルカナ・ファミリアEpisode4』にリベルタ役で出演。短髪が似あう彼だけど、美麗な瞳を際立たせる王子っぽい髪型の役もぜひ見てみたい！

YUTARO

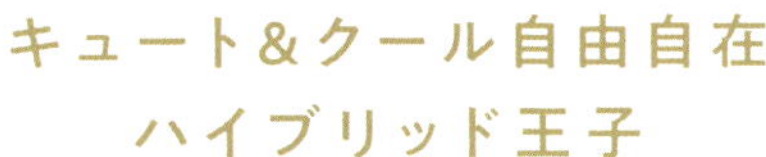

キュート&クール自由自在 ハイブリッド王子

名前 — ゆうたろう

肩書き — モデル、俳優　生年月日 — 1998年6月3日

出身 — 広島県　デビュー — 2016年

Instagram ID — @aaaoe_　Twitter ID — @aaaaao_e

Blog — https://lineblog.me/yutaro/

HP — http://yutaro.asobisystem.com/

アパレル店員として『マツコ会議』（日本テレビ系）に出演し、芸能界デビューを果たした“マツコドリーム”のパイオニア。メイクを施し、恋愛対象は人類全般という中性的な彼は可愛さもカッコよさも持つジェンダーレス。凡人には着こなせない独特なファッションセンスは唯一無二の存在を肯定する必須アイテムだ。油断すると色気ダダ漏れ、憂いを帯びた表情も姫たちの心を釘づけに。一度心を奪ったら離さない営業力と自己表現力は、俳優業でも発揮。2018年の映画『3D彼女 リアルガール』や舞台『ひらがな男子』への出演など、今後も女子の心に侵食間違いなし。

YAMASHITA EIKU

デリケートボイスの 多才王子

名前 — 山下永玖

肩書き — アーティスト　生年月日 — 1999年12月19日

出身 — 山梨県　デビュー — 2014年

所属 — さとり少年団

Instagram ID — @asatoriboysclub　Twitter ID — @satoriinfo

Blog — https://lineblog.me/satoriboysclub/archives/720408.html

HP — https://www.stardust.co.jp/profile/yamashitaeiku.html

ダンス＆ボーカルユニット・さとり少年団のボーカルを務める彼の魅力は、稀有な声質。繊細さとハリが共存し、クセになる心地よさで人々を惹きつける。6歳からドラム、10歳でギター、ベースも弾きこなす、“音楽とともに生きる”多才少年はリズム感も抜群。色白の小顔につぶらな瞳、高くキレイな鼻は女子のツボをつき、ぷくっとした唇は笑ったり歌ったりすると美しい逆三角形に広がって、顔や曲の印象を変える武器となる。バラエティ番組では食リポに挑戦し、素朴な親しみやすさで癒しを提供中。あらゆる表現の場で才能を開花してくれそうだ。

RYUBI

14歳の東北代表 お色気王子

名前 — 琉弥

肩書き — アーティスト
生年月日 — 2004年1月22日　出身 — 宮城県
デビュー — 2018年

Blog — https://lineblog.me/sd_milk/
HP — http://sd-milk.com

EBiDAN SENDAIとして仙台を拠点に活動しながら、EBiDANの選抜メンバーで構成されたニュー・プロジェクト"BATTLE BOYS"の全国選抜に選ばれ、人気投票でも常に上位に。そして、実力が認められ2018年8月末に「EBiDAN THE LIVE」にてM!LKへの加入が発表され、2018年11月発売のシングル「Over The Storm」をリリース。さらに同月末に東京、大阪でのワンマンライブも開催。くっきり二重の大きく美しい瞳、あどけなさと色っぽさを感じさせる唇など、文句なしの甘いマスクとキレのあるダンスに、無限の可能性を感じざるをえない。

YOSHIDA CHIHIRO

濃いめの熱視線! がっちり王子

名前 — 吉田知央

肩書き — モデル、俳優　生年月日 — 1999年2月6日
出身 — 神奈川県　デビュー — 2016年

Instagram ID — @grfft_chihiro　Twitter ID — @grfft_chihiro
Blog — https://lineblog.me/grfft_chihiro/
HP — http://grfft.com/models/member.php?id=yoshidachihiro

ティーンの間で話題の動画アプリ「Tik Tok」のCMや、テレビドラマ『先に生まれただけの僕』（日本テレビ系）、『花のち晴れ～花男Next Season～』（TBS系）などにも出演する知央くん。濃いめの眉毛に肉食系のぱっちり目、太い首が男らしい! SNSの写真はナチュラルでアンニュイな表情のものから、街の香りがしそうな昭和っぽい男のテイストまで豊富なラインナップで、たまに舌を出してみたり、友人とお揃いのポーズをとったりとお茶目な一面も垣間見られる。その頼もしい肩幅と胸板に寄りかかって、ギュ～っとしてほしい！

©TOKYO VERDY

INOUE SHION

ボールコントロール力抜群！技巧派の貴公子

名前 — 井上潮音

種目 — サッカー

生年月日 — 1997年8月3日　出身 — 神奈川県

所属 — 東京ヴェルディ

Instagram ID — @shion2020　Twitter ID — @shion303030

HP — http://www.verdy.co.jp/itemview/template116_1_4420.html

東京ヴェルディに所属し、各年代別の日本代表として活躍、AFCのU-23選手権中国2018のメンバーにも選出された期待せざるをえないホープのひとり。小学校1年生のときにサッカーを始め、ターンやトラップを得意とするテクニシャンタイプとして存在感を放つ。優しげなタレ目にスッと通った鼻筋、シャープな輪郭を持ち、好きな食べ物がチョコレートというかわいらしい面も魅力的だ。若き闘志が燃えたぎるフィールドでボールに積極的にかかわり、多彩なパスで試合を組み立てる。東京五輪世代の日本代表として、第一線で走り続ける姿から目が離せない。

ITO YUYA

テキサスで活躍中爽やかすぎるテニス王子

名前 — 伊藤雄哉

種目 — テニス

生年月日 — 1997年1月9日

出身 — 神奈川県

Instagram ID — @yuyaito901

Twitter ID — @yuyaito901

オーストラリアにある高校St. Peter's College AdelaideからアメリカのUniversity of Texas at Austinに進学した伊藤雄哉くん。ITFのジュニア部門で優勝、2017年は台北ユニバーシアード日本代表となり、シングルスで5位、団体では銀メダルを獲得した。2018年にアジア競技大会日本代表にも選出された実力の持ち主で、力強いサーブ、低めの速球の切り返し、緩急のあるストレートなど多彩なパターンで日々挑戦する姿がまぶしい。「Texas Men's Tennis（@TexasMTN）」のInstagramでも活躍が確認できるので、チェックしよう！ 日本テニス界を引っ張る若武者に期待大。

TOMONO KAZUKI

表現力随一 氷上のファンタジスタ王子

名前 — 友野一希

種目 — フィギュアスケート

生年月日 — 1998年5月15日　出身 — 大阪府

所属 — 同志社大学

Instagram ID — @k0515ki　Twitter ID — @naniwatomono

HP — https://skatingjapan.or.jp/national/detail.php?athlete_id=328

国内の特別強化選手に選ばれ、インターハイや全日本ジュニア選手権などで優勝、2018年の世界選手権で5位に入るなどトップランナーとして戦う友野くん。色白の小顔に穏やかな眉毛、まあるいつぶらな瞳の癒し顔でみんなを和ませる。爽やかな笑顔がとくに魅力的だが、時折見せるメガネ姿もまた素敵。SNSでは大好きなラーメンの写真を度々アップし、スケート仲間との仲良しショットにもコメントが殺到。ポップかつ斬新な演技で観客を驚かせ、魅了する表現力は将来が楽しみすぎる！ 海外メディアも注目する氷上のニュープリンスに乞うご期待。

UMINO SHOTA

新日本プロレスの ヤングライオン

名前 — 海野翔太

種目 — プロレス

生年月日 — 1997年4月17日　出身 — 東京都

所属 — 新日本プロレス

Twitter ID — @njpw_shota

HP — https://www.njpw.co.jp/profile/89835

2017年に新日本プロレスにデビューしたばかりのヤングライオン・海野翔太くん。183センチ、93キロという恵まれた体を持ち、本書で紹介する王子の中で1番「ガタイがいい」のは間違いない。得意技はドロップキックやランニング・エルボー。まさに彼こそ「守ってくれる」王子様！ しかしそんな屈強な彼の顔面は、まさに正統派のイケメン。デビュー前から、「リングサイドにいる、あのイケメンは誰!? 」と、ちょっとした話題にもなっていたんだとか。まだまだ若い21歳が、マッチョ好き女子を筆頭に、全国の女子たちを夢中にしてくれる日も近い……！

MITOMA KAORU

緻密なドリブルで魅せる 熱きニューホープ

名前 — 三笘 薫

種目 — サッカー

生年月日 — 1997年5月20日　出身 — 神奈川県

所属 — 筑波大学（川崎フロンターレ）

Twitter ID — @kaoru_mitoma

HP — http://www.frontale.co.jp/profile/2017/mem_35.html

足首を柔軟に使ったボール運びや状況判断力の高さが光る若きファンタジスタ。2017年のユニバーシアード日本代表に選ばれ、天皇杯ではJ1クラブ相手に2得点を挙げるなど積極的なプレーで活躍。2018年には川崎フロンターレの特別指定選手となり、U-21日本代表としてアジア大会に出場し得点を決めた。キリッと濃い眉毛に鋭い目力、色黒のハッキリとした顔立ちで、笑顔は無邪気。小学生のときからプロを目指し、サッカーへの情熱的な志も大いなる魅力だ。細やかなドリブルや相手の不意を突くプレーに注目しながら、今後の活躍を追いかけたい。

HORIE TORU

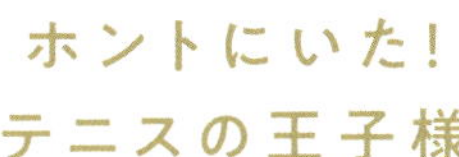

ホントにいた! テニスの王子様

名前 — 堀江 亨

種目 — テニス

生年月日 — 1999年5月18日

出身 — 岐阜県

Instagram ID — @toru__horie

Twitter ID — @tennis_toru

小学校1年生からテニスを父親に習い始め、小学生・中学生の全国テニス選手権、最高峰の全日本ジュニアテニス選手権で優勝。数多くの海外遠征や、Jr.グランドスラム4大会2年連続出場、USオープンJr.ダブルス準優勝などテニス界の第一線で輝くリアルな王子様だ。小学校1年生で極真空手の日本チャンピオンに輝き、小学校6年生まではクラシックバレエをしていた経験もある亨くん。甘くて繊細なマスクに、多種多様なポイントパターンと積極的でテンポの速い野性味あふれるプレー。世界へと羽ばたき、活躍し続ける姿から目が離せない。

YAMAMOTO YOSHINOBU

球界の福山雅治
豪速球王子

名前 — 山本由伸
種目 — 野球
生年月日 — 1998年8月17日　出身 — 岡山県
所属 — オリックス・バファローズ

HP — https://www.buffaloes.co.jp/team/player/detail/2018_43.html

2016年にドラフト4巡目指名を受け、オリックス・バファローズへ入団。MAX155キロの速球、カットボールやフォークなどの変化球を武器にする本格派投手だ。ルーキーイヤーには球団史上39年ぶりの高卒新人先発初勝利を挙げ、2018年は初ホールド・初セーブを記録し、オールスターゲームに選出。冷静な判断力と強心臓で厳しい場面でも堂々と投げ切る姿は頼もしく、素顔はチームメート思いで愛されキャラ。福山雅治さんを思わせる優しい笑顔のイケメン投手が日本野球界を背負い、侍ジャパンの一員として注目を集める日も近い。

YAMAMOTO SOTA

照れ笑いもかわいい
王子・オン・アイス

名前 — 山本草太
種目 — フィギュアスケート
生年月日 — 2000年1月10日　出身 — 大阪府
所属 — 中京大学

Twitter ID — @so_ta0110
HP — https://skatingjapan.or.jp/national/detail.php?athlete_id=329

羽生結弦選手に宇野昌磨選手、高橋大輔選手といった、誰もが納得、文句なしの王子様を輩出してきた日本フィギュアスケート界。そんなフィギュア界のキラッキラの秘蔵っ子が、2018年からシニア大会に挑戦する山本草太くんだ。2018年8月に開催されたアジアフィギュア杯では、SP6位からの逆転優勝。鋭い眼光に洗練された表現力、気持ちのこもった華麗なジャンプで会場を魅了した。「羽生二世」なんて呼ばれたりと、はにかんだ笑顔がかわいすぎる18歳の2018年の目標は、「昨年の自分より成長すること」。闘志を燃やしながら氷上で輝く姿を応援するしかないっ！

COLUMN 6

マンガのなかの王子様

～王子様偏在論～

マンガのなかに棲まわれる変幻自在の王子様たち。
トレンドはもちろん、ファンタジーに学園もの、独断による王子認定まで、厳選作品を紹介！

文＝的場容子

王子様偏在論！

　2次元の世界でしか「エロい妹」や「どスケベ奥さん」を目にしたことがないように、現実の世界に「王子様」がいないことは、みんなとっくに知っている。もちろん、皇太子や王国の跡継ぎといった、いわゆる「王族」の男性はいるにはいる（ただし「王族に近づく男性」は似て非なるもの、要注意）。しかし、眉目秀麗・質実剛健で、「女子が泣いているとケーキを買ってきてくれて、頭ポンポンしてくれる」男子、あるいは「仕事もうダメ！ってなったときに高級外車で駆けつけてプロポーズしてくれる」男子には、お目にかかれない。ネッシー（古い）、ツチノコ（とても古い）レベルの希少生物だ。なぜ!? 私たちはこんなに疲れているのに。ならば、どこに逃げ込めばいいのだろうか？

　答えは「マンガ」にあり。きっと女子の数だけ存在する「理想の王子様」像。ワガママ女子たちの多種多様な欲望をすべて満たしてくれるのが、マンガのなかの王子様なのだ。王冠を被っていなくても、ヒゲぼーぼーでも、お金がなくても、ひとりの女子の胸をキュンキュンさせることができたなら、それは立派な王子様。

　さて、最近の「マンガの王子様」のトレンドはというと、実写映画化&アニメ化もされた大ヒットマンガ**『オオカミ少女と黒王子』**（八田鮎子、集英社）の勢いに引っ張られるかたちで、ワケあり&腹黒王子が目立っている模様。ワケあり王子では、後述する**『太陽が見ている（かもしれないから）』**（いくえみ綾、集英社）の廣瀬（ひろせ）楡（にれ）がダントツのセクシーさ。腹黒部門では、**『王子様には毒がある。』**（柚月 純、講談社）の七海颯太（ななみそうた）が、陰と陽の二面性が際立っていてイイ！ すぐにでもSexy Zoneの中島健人さん主演で実写化してほしい。

柚月 純
『王子様には毒がある。』
（講談社）

　また、「王子」というキーワードが「気風の良いイケメンのようにカッコいい女子」に投影されるケースも増えてきている。**『僕の彼女は最高です！』**（原作・伊織／漫画・髙田タカミ、講談社）、**『ヨウコさんはカッコいい』**（榎本さく、講談社）、少女マンガでは、**『世界は中島に恋をする!!』**（池山田 剛、小学館）。また、ファンタジーでは変わらず、「王国」を舞台にした作品は鉄板の人気。**『砂漠のハレム』**（夢木みつる、白泉社）、**『王国物語』**（中村 明日美子、集英社）など。そして、コッソリじわじわ来ているのが、「ショタ王子」もの！ 女性向けマンガにおけるショタ人気といえば**『私**

の少年』（高野ひと深、双葉社・講談社）で定着したが、遡れば池山田 剛の『GET LOVE!!～フィールドの王子さま～』（小学館）から始まり、『好きです鈴木くん!!』（小学館）などに代表される、背が低めの「カワイイ系」、だけどしっかりヒロインを守ってくれる、男気&ショタっ気あふれる王子様人気は、今後本格的に爆発しそうな予感。

さてここからは、最近の秀作のなかから厳選し、正統派の王子様はもちろん、ファンタジーから歴史ものまで、よりどりみどりの胸キュン王子たちをご紹介。

これぞ正統派王子！胸キュン統一試験満点の黒髪男子

正統派少女マンガを描かせたらこの方の右に出る者はいないのでは……そんなことを思わせるほど、王道ど真ん中をいく水瀬藍。とくにオススメしたいのは、『恋降るカラフル～ぜんぶキミとはじめて～』（小学館）。タイトルからして甘そうなこの物語の主人公は、瀬戸内海の島で育った純真な少女、小川麻白（ましろ）。小学生のときに島に遊びに来た都会の男の子・結城青人（はると）と出逢い、幼いながらもふたりはたしかな恋心を知る。高校生になり東京で再会した麻白と青人は、紆余曲折を乗り越えて晴れてカップルに♡

この青人くん、黒髪・寡黙で真面目そうなビジュアルとは裏腹、女の子なら一生に一度でいいから彼にこんなこと言ってもらいたい、やってもらいたい、ということをぜんぶ実行してくれる、まさにパーフェクトな王子様。得意技は、ちょっと意地悪（上目遣い）&わがままのコンビネーション、からの、激甘アクション。恋愛テクの見本のような緩急つけたスウィートな

『恋降るカラフル～ぜんぶキミとはじめて～』©水瀬 藍／小学館

『恋降るカラフル～ぜんぶキミとはじめて～』©水瀬 藍／小学館

水瀬 藍
『恋降るカラフル～ぜんぶキミとはじめて～』（小学館）

立ち振舞いが、胸キュン統一試験満点。まさに、「王子辞典」な青人くん！　では、セリフだけでもご堪能ください。「…ドキドキしてんのは　雷のせい？／それとも／オレのせい？」「オレの側から離れないで　かわいくてさらわれそう」「ずっと／こうしてめちゃめちゃ触って／確かめたかった／麻白が／オレのものだってこと」「今日は／みんなにも言えないようなことするから」……青人くんの爪の垢を煎じて、日本で一番売れている風邪薬等に混入させてのち、あまねく男子に飲ませたいッ！　王道ならぬ「王子道」の真ん中を歩いています！

本家本元の王子は最高？
それとも……。

本書では、気軽に「王子尊い」「王子イケてる」を連発しているが、では本家本元、血統もやんごとなき歴史上の王子様は、もっとも尊いのであろうか。

実在の王子を扱った作品を見てみよう。

王子といえばヨーロッパ。萩尾望都**『王妃マルゴ』**（集英社）の舞台は16世紀、宗教戦争まっただ中のフランス。カトリックとプロテスタントの血で血を洗う争いが激化するなか、ヴァロワ王家に生まれた少女の数奇な一生を描く歴史ロマン。国王アンリ2世とカトリーヌ・ド・メディシスの間に生まれたマルゴは、成長とともに男を引きつける美貌と色香を備えるようになり、恋と権謀術数のからまる運命に翻弄されていく。11歳のとき、預言者ノストラダムスに「あなたの恋人の名は〝アンリ〟／あなたの結婚する相手の名は〝アンリ〟／そしてあなたの敵の名は〝アンリ〟」と告げられる。

この3人の「アンリ」のうち、ふたりが王位継承権のある王子で、もうひとりが分家筋・ギーズ公の若君。なかでも、男としての魅力でいうと、マルゴが人生で最初に愛を知ることになる「ギーズ公アンリ」がピカイチか。プロテスタントに父を殺され、仇討ちを誓うシーンでは、頬に向こう傷のあった父と同様の傷をみずから刻み、その暗い情熱の激しさ、雄々しさにはマルゴも読者も圧倒される。

しかしながら、キャラの「濃さ」では、マルゴの実兄のアンリ王子がナンバーワン。兄妹ながらもマルゴに恋してはねつけられ、その美貌と好対照をなす清々しいほどの性格の悪さでマルゴを陥れたり、（？）男色に溺れたりする。女装もお手の物な、変幻自在の腹黒王子様！

……しかしながら**『王妃マルゴ』**を読むにつけ、歴史上の王子たちの強烈な魅力はもちろん、彼らと恋するのがいかに命がけだったかを思い知る。戦乱

萩尾望都
『王妃マルゴ』
（集英社）

青ざめた ほおに浮かぶ傷が あなたの美しさを引きたてている
あなたは わたしを見ていない

『王妃マルゴ』©萩尾望都／集英社

Prince of COMIC

いくえみ綾
『太陽が見ている（かもしれないから）』
（集英社）

いつもより優しくないか？

『太陽が見ている（かもしれないから）』
©いくえみ綾／集英社

の王宮ではすぐに毒を盛られたり、処刑されたりしてしまうので、タイムスリップして彼らと恋愛する権利は有志に譲りたい。

陰気な顔だがそれがいい！ ワケあり王子

「カッコいい男子に恋したい！」と思ったらハズレのない、いくえみ綾作品からは、**『太陽が見ている（かもしれないから）』**（集英社）。家庭にもクラスにもなんとなく違和感を抱く中学生・深山岬は、ちょっと影のあるクラスメイト・廣瀬楡と急接近。家がお金持ちの楡は、高校進学を機に、親に「一軒家」を要求。家から出たかった岬と、「友人」のまま二人暮らしを始める……。

と、こう書いてしまうと、現実にいたら嫌味なほどのリッチなお坊ちゃまに見えてしまう楡だが、さにあらず。楡の背負う影の正体は、きわどい高利貸しで資産を築いた父親への反感と、息子を残して早くに死んだ母親への複雑な思いからくるものであった。

淡い恋愛感情はひとまずスルーし、親友のような関係で、誰にも縛られず、何不自由ない生活をするふたり。共同生活をする家しかり、岬がほしがるものは全部与えてくれる、ナチュラルボーン王子様な楡。ただし、憎き親父の金で……。楡が湯水のように金を使うのは、父親への復讐でもあった。ふたりの関係は、楡とは家族同士が因縁をもつ井田日帆の登場で変わり、愛憎のうずまく奇妙な三角関係が展開していく。

岬と日帆のあいだでどうしようもなく揺れ動く楡がどうしようもなく色っぽい。が、こんな言い方をするには重すぎる事情ばかりが彼らを取り巻く。**『潔く柔く』**（集英社）の真山稔邦や梶間洋希から、**『私・空・あなた・私』**（幻冬舎）の高比良泉、**『G線上のあなたと私』**（集英社）の加瀬理人など、近年のいくえみの描く、ちょい暗めワケあり王子の真骨頂。

意地悪だけど、根は純粋。責任感が強く、仲良くなるとどこまでも優しい。こういう男子にならどこまでも傷つけられてもいいと思う気持ち、日帆でなくとも共感するだろう。ふたりの女子に取り合われる、ちょっと陰気な表情がセクシーな王子を、読者の特権でどうぞ安全な位置からご覧あれ。

王子がいいなら 王はどうだッ!? ファンタジーに登場する王様

本書しかり、世間を見渡してみると、「王子」には数多の女子がキャーキャー言っているのに、それよりも格上の「王」への嬌声はというと、寂しいばかりである。「王」というと、日本人はどうしても『ドラゴンクエスト』で勇者に無理難題を押し付けてくるような、恰幅のいい、お髭のステキな壮年のおじさま……を想像してしまうかもしれない。しかしながら、マンガの世界には、美しき王たちも存在している。王子に劣らぬ素敵な王が登場する作品も取り上げたい。

幸村アルト**『コレットは死ぬことにした』**（白泉社）は、薬師の少女コレットと、死者たちの国・冥府を治めるハデス王との恋物語。身を粉にして働き村人たちの健康を守るコレットだが、ある日、あまりの激務についつい吸い込まれるようにして井戸に身を投げてしまう。なんと井戸は冥府に通じており、そこで太陽アレルギーという厄介な病をわずらう冥界の王様ハデスと出逢う。

ハデスの魅力は、いわゆる「王子」にはない落ち着きっぷりと威厳。冥府に送られてきた死者の魂を天界行きか牢屋行きか裁定するという重大な職務をスマートにこなしている大人の男性である。責任を一身に引き受ける潔さと、ときに見せる孤独。コレットでなくとも、「私でよければ癒して差し上げたい」……そんな母性をくすぐられる王のしどけない姿も堪能できる。

皮膚に症状の出るアレルギーのため、初登場時は少女マンガのヒーローとしてはかなり珍しい見た目のハデスだが、コレットの献身によって徐々に美しい肌を取り戻していく。傷の治り具合がふたりの距離の縮まりにも比例してもいるところがたまらない。

ふたりの心が近づくにつれて、ハデスは当初見せていたぶっきらぼうな態度から打って変わり、コレットに激甘な言葉をささやくようになる……ここに最強に萌える生物が誕生する。また、恋ではなくとも、王が部下たちに見せる静かな愛情と思いやりには掛け値なしに癒やされる。妙齢女子によく効く胸キュンおしごとマンガでもあるのだ。

王をふくむ病人やけが人をコレットが癒し、コレットの疲れやハートを王が癒すという、幸福のサイクル。「王子」というとあまり仕事しているイメージはないのだが、王は仕事をバリバリこなす。王の包容力に癒されたくなったときには、ぜひハデスの治める冥府へGO！

『コレットは死ぬことにした』©幸村アルト／白泉社

幸村アルト
『コレットは死ぬことにした』
（白泉社）

『コレットは死ぬことにした』©幸村アルト／白泉社

COLUMN 6

読まなきゃ半分、損してる!

時代を超えて輝きつづける、くらもちふさこ作品の王子様

あくまで自然体でマンガっぽすぎないのに、いつも私たちのときめきのツボを的確に突いてくるのが、くらもちふさこの描く男子たち。NHKの朝の連続テレビ小説『半分、青い。』脚本家・北川悦吏子や同作に出演する豊川悦司、また恋愛シミュレーションゲーム『ときめきメモリアルGirl's Side』『ラブプラス』シリーズを手がけた名プロデューサー内田明理も、みんなくらもち作品に大きな影響を受けてきた。

さて、なみいる「くらもち男子」の中で、もっとも「王子様度」が高いのは誰だろう?筆者のキング・オブ・プリンスは『アンコールが3回』(集英社)の不破 類(ふわ るい)。芸能プロの敏腕マネージャーとして次々とアイドルをブレイクさせる、男にも女にもモテモテの色男。ヒロインの歌手・二藤ようこのマネージャー&夫という二足のワラジを履きこなす、名前通りの比類なき男。容姿・才能・エスプリと三拍子そろったギフトでようこと読者を虜にする洒脱な王子様だ。

お次は『駅から5分』(集英社)『花に染む』(集英社)の圓城陽大(えんじょうはると)。端正なビジュアルで弓を射る姿は神々しく、その内面では静けさと激しさがせめぎ合う。ミステリアスな思考や行動にはヒロインも周囲もやきもきさせられるが、作品終盤、その行動原理が明かされた瞬間、私たちはもう一度陽大に恋をする。

『海の天辺』(集英社)でヒロインの通う中学校の先生、河野和彦(かわのかずひこ)には大人の包容力と少年の無邪気が同居している。先生と生徒という関係を超えて恋に落ち、職員室でこっそりキスをするシーンに胸を焦がした読者は多いだろう。大好きな先生が恋人へと変わっていく過程が切なく、清純に、熱っぽく刻印されている。

『東京のカサノバ』(集英社)ではヒロインの「兄」、水上 暁(みなかみ あきら)。恵まれた容姿、フォトグラファーとしてのセンス、さりげない気遣いができ、適度に女好き——モテないわけがない。そんなカッコ良すぎる「兄」と、血がつながっていなかったとしたら……?「妹」ではなく、「ひとりの女性」としてのヒロインに注がれる暁の意味ありげな視線が色っぽい。

くらもちのデビュー(1972年)から約半世紀。まったく色褪せることなく普遍的な魅力を放つ"くらもち王国"の王子様たちを、これからも愛し続けたい。

Prince of COMIC

まだまだいます

くらもち王国の王子様たち

- 『いつもポケットにショパン』(集英社、1981)—— 緒方季晋 *Ogata Kishin*
- 『A-girl』(集英社、1985)—— 夏目一朗 *Natsume Ichiro*
- 『Kiss+πr2』(集英社、1987)—— 雑賀喜由 *Saiga Kiyoshi*
- 『チープスリル』(集英社、1991-1992)—— 梅原央士 *Umehara Youji*
- 『いろはにこんぺいと』(集英社、1992)—— 姫野 達 *Himeno Toru*
- 『天然コケッコー』(集英社、1995-2001)—— 大沢広海 *Ohsawa Hiromi*
- 『α(アルファ)』(集英社、2003)—— 天水キリ *Takami Kiri*

Interview

月川翔監督が語る
胸キュンの伝道師
俳優たちの魅力

『となりの怪物くん』や『センセイ君主』などを世に送り出してきた月川 翔監督。これまで数々の胸キュンを女子に与えてきた月川監督が見てきた若手俳優の魅力や、胸キュンシーンの撮影のこだわりなどを聞いてきました!

取材・文＝吉田可奈

僕はいつも〝女子目線〟で撮影をしています

――月川 翔監督は、これまで『黒崎くんの言いなりになんてならない』や『センセイ君主』など、数多くの少女マンガ原作の映画監督を手がけています。いつも月川監督の作品は、男性俳優をカッコよく撮ることに長けているなと感じたのですが、なにかこだわりはあるのでしょうか。

「僕が映画を撮影するときは、必ず〝女子目線〟を大事にしています。なによりも、〝これをやっておけば喜ぶでしょ?〟という感覚は一切なく、〝男性にこういうことをしてもらえたら嬉しい〟と思う女子の気持ちで撮影しているんですよ。言ってしまえば、自分のことを女子だと思って撮影をしているんです」

――なんだかものすごく腑に落ちました(笑)。

「あはは。良かったです。自分がカッコイイと思う表情を撮影するのは当たり前ですが、そのカッコイイなかでの〝かわいい瞬間〟が出ないかなと思っていて」

――それは、完全に女子目線ですね。しかも、母性強めの女子目線です。

「そうかもしれない(笑)。実は、最初にそう思ったのが『黒崎くんの言いなりになんてならない』の撮影時。主演の**中島健人**さんのことを、〝とにかくカッコイイな〟と思っていたんですが、ふと素顔が出た瞬間、〝わ、かわいい!〟ってキュンとしたんです(笑)。そのときに、この瞬間をちゃんと撮影していくぞって決めたんです」

――この作品が、監督にとっての指針になったんですね。

「そうですね。自分の新しい感覚を発見したような気持ちになりました」

――この作品では、中島健人さんと、**千葉雄大**さんの対比がすごく良く描かれていて、観客として、小松菜奈さんの役と一緒に〝どっちを選んだらいいの!?〟という感覚を最大限で楽しみました(笑)。

「小松菜奈さんの役を疑似体験してもらえるように撮影していたので、そう思っていただけたなら本望です。それと同じよう

Tsukikawa Sho

な感覚で、『君と100回目の恋』を撮影するときに、観客がまるで主人公になったかのように感じられるように、〝miwaさんの目線で**坂口健太郎**さんを愛でていくぞ〟と決めて撮影したんですよ」

――だから坂口健太郎さんのアップが多かったんですね！　見ていてずっとうっとりしていました（笑）。

「あはは。それは良かった！　坂口健太郎さんが、見ている人たちに語りかけているようなものにしたかったんです」

本番中に〝かわいい！〟と思わず声が出ちゃって怒られました（笑）

――とくにこだわったシーンはありましたか？

「坂口健太郎さんが、カメラ目線で〝秘密を教えるよ〟と言うシーンがあったんです。そこで逆光を入れるべく角度を何度も調整して撮影したんですよ。普通は、逆光を使うのは女の子に対してのほうが多いんですが、これは坂口さんがどれだけカッコよくなるかということにこだわり、〝この坂口さんを見てほしい！〟という強い気持ちで撮影しました」

――相当なこだわりを持って撮影されていたんですね。

「かわいい瞬間は逃したくないですからね。撮影中、坂口さんがうたた寝するシーンがあったんですが、本当にかわいくて、〝かわいい！〟って本番中に思わず声が出ちゃったんですよ。そこではさすがに怒られました（笑）」

――監督なのに！（笑）

「心の声が出ちゃうんですよね（笑）」

――ちなみに、〝ときめく瞬間〟は、どのように決めこんで撮影しているんですか？

「心を動かす物語はちゃんとあるうえで、ときめく瞬間をしっかりと探すことから始めます。〝ここだ！〟というシーンが決まったのなら、決めカットをちゃんと撮るようにしています。〝こういうことをしてくれたらときめくよな〟ということをしっかりと考えたうえで撮影しているので、ある意味、ちゃんと狙っているんですよ」

中島健人さんは生まれながらの王子

――では、狙っていなかったのに思わずキュンとしたシーンはありましたか？

「う〜ん……。中島健人さんは、指示をしなくても大体のことは自分で決めるポイントを作ってきてくれるんです。たとえば、現場に入って椅子に座るときに、コートを両手で〝バッ〟とはらってから座るんですよ」

――カッコイイ！

「そうなんです。それをナチュラルにできるから、本当にカッコイイんです。その姿を見ていると、彼は生まれながらの王子なんだなと思うんですよね。この前も、偶然撮影所で再会したときに、『監督！　お久しぶりです！』と爽やかに握手を求めてきてくれたんです。その手の出し方があまりにも紳士で、王子以外のなにものでもないなと思いました（笑）」

――『黒崎くんの言いなりになんてならない』では、その中島健人さんと、対極の役を千葉雄大さんが演じていましたよね。

「千葉さんって、あんなにキュートなのに、人見知りで少しモジモジしているんですよ。そこがたまらなくかわいらしいんです。現在、彼は29歳なんですが、ビジュアルがかわいらしいのでまだ学生役もできるし、演技の幅も広げているんですよ。これからもすごく楽しみな俳優さんです」

みんなが見たい菅田将暉さんを撮りたかった

──〝かわいさ〟で言えば、『となりの怪物くん』の**菅田将暉**さんも、ものすごくかわいらしかったです。最近は『あゝ、荒野』などでの男らしい演技が多かったので、すごく驚きました。

「菅田さんはリアリズムの演技でも実力を十分に発揮していますが、〝みんなこういう菅田将暉も見たいんじゃない？〟と思っていたんです。なので、菅田さんとも、〝無邪気さを大事にしようね〟〝ＩＱは高いけど、精神年齢は5歳児でいこうね〟と話していたんです。もちろんカッコイイ演技になることも多かったんですが、そこは〝かわいい〟に戻しながら撮影をしていったんです」

──お話を聞いていると、監督が思う〝かわいい〟って、本当に女子の感覚ですよね。その感覚はどこで身につけたのでしょうか？

「撮影していて気づいたことが多いですね。それに、奥さんとテレビを観ていても、普通に〝かわいい〟って言っちゃうんですよ。それに対して、奥さんも〝そうだね、かわいいね〟って話しているので、完全に女子同士の会話みたいになっているんです（笑）」

──最近、テレビを観ていてかわいいと思ったのはどんな瞬間でしたか？

「歌舞伎町のホストの特集をしていて、新人ホストが憧れのホストを見る目が、ものすごくキラキラしていてかわいらしかったんですよ。それを見て、〝かわいい……〟ってつぶやいていました（笑）」

──あはは。ちなみに、『センセイ君主』での**竹内涼真**さんの〝かわいらしさ〟は、ほかの監督作品とはまた違う〝かわいらしさ〟が出ているような気がしました。

「そうですね。『センセイ君主』は、ほかの作品に比べてすごくクールなんです。よくキャッチコピーで〝ドＳ〟と書かれるんですが、竹内さんと〝Ｓなわけではないよね〟と話していて。先生の立場もあるからこそ、好きになってくれた生徒を突き放していた関係性がそう映るだけの話なんです。それに、ものすごく天然で、ピアノも弾けないのに弾けると思いこんでいたり、ちょっとポンコツなところをちゃんと表現しようと思い撮影しました」

──監督はいつも、俳優さんと一緒に〝かわいらしさ〟をディスカッションして作り上げるんですね。

「そうですね。竹内さんも僕と考え方が似ていて、〝壁ドン〟などをただの型としてやりたくないと言っていたんです。もう、視聴者も壁ドンに喜びませんからね。それよりも、どれだけ自然な感じで、同じようなシチュエーションを作り、ドキッとさせるのかに注力しました。逆に、『黒崎くんの言いなりになんてならない』は完全に〝型〟を意識して、決めショットを作りこんで撮影したんです。でもそれは、中島健人さんがちゃんと決めてくる人だからこそ成り立っているんですよ」

──役者の個性によって、撮影方法も、シーンの作り方も変えているんですね。

「そうですね。なので、いろんな役者さんと一緒にお仕事をすることがすごく楽しいんです」

――ちなみに、山田裕貴さんに関してもお聞きしたいのですが、監督の作品にもよく出演されていますよね。

「はい。実は、山田さんの初主演ドラマ『D×TOWN ボクらが恋愛できない理由』(テレビ東京系)の監督をさせてもらっているんです。そのときの山田さんは、まだ芝居も安定していなかったんですが、現場でめちゃくちゃ愛されるキャラクターなんですよ。なので、この子は絶対に応援してもらえる人になるだろうなと思っていたら、案の定誰からも愛される俳優に成長しているので、すごく嬉しいですね」

――山田裕貴さんは、2017年に映画に一番出演した俳優と言われていますが、実力はもちろん、愛されキャラからくるものなのかもしれないですね。

「そうなんですよ。みんなが一度仕事をすると、〝また呼ぼう〟って思うんです。なぜかわからないけど、山田さんって、軽いノリで呼びたくなるんですよね(笑)。プロデューサーも、撮影のあとに山田さんをご飯に誘う風景をよく見るんです。あれは天性のキャラクターでしょうね」

――『となりの怪物くん』で演じた〝ヤマケン〟がとてもハマっていましたよね。

「あの役、いいですよね。実は、〝春〟の兄役を演じた古川雄輝さんと山田裕貴さん、どちらを〝ヤマケン〟にするか、兄にするかすごく悩んだんです。その結果、〝ヤマケン〟は愛すべきかわいらしい感じがあるから、山田さんにしようってなっていて。古川さんは、持ち前の陰の雰囲気を活かせる兄を演じてもらうことになったんです。それはどちらが上で下でというのではなく、それぞれが持つ個性が役の決め手になったんです」

――監督の作品はネクストブレイクの俳優を起用して撮影し、その映画が公開される1年後くらいに、その俳優たちが大ブレイクするという印象があるのですが、その先見の明はどこからくるのでしょうか。

「キャスティングはプロデューサーの先見の明が大きいですね。僕は、そのブレイクするであろう俳優さんの、今、大事な旬な時期を預かっているということを意識して撮影しているんです」

城桧吏さんはすごくいい俳優になると思う

――ちなみに、今注目している俳優はいますか?

「今、いい俳優はみんな20歳を超えてきているんですよ。でも、『となりの怪物くん』にも出てもらった城 桧吏さんは、すごくいいですよ」

――『万引き家族』にも出演していましたよね。

「あの作品で、いい感じに成長していく姿が映されていて、最高に良かったんですよ。彼が20歳を超えて、どんな青年になるのか、今から楽しみです」

――さて、女子のなかの〝王子〟とも言うべく、平手友梨奈さんが主演の『響 -HIBIKI-』も、月川監督の作品になりますが、こちらはどうこだわって撮影されたのでしょうか。

「これは、今までの〝決めカット〟をしないと決めて撮影したんです。言ってしまえば、万人受けしなくていいと思いながら撮影したんです。なので、すべてをキャラクターに寄りすぎず、客観的な視点を大事にしました」

――響は、カッコイイけれども、そのなかにもかわいさがありましたよね。

「そうですね。センセーショナルでカッコイイんですけど、好きな作家さんに会うと喜んだり、嬉しかったらわかりにくく喜んだりと、〝萌える〟瞬間がたくさんあるんです。ただの乱暴者にならないように、かわいらしい部分をちりばめました」

——今作には、若手俳優として**板垣瑞生**さんと、**笠松 将**さんが出演されています。

「板垣さんは、響の絶対的な理解者であり味方を恋愛感なく演じてくれました。さらに、笠松さんには、不良がかわいく転がる瞬間をうまく演じてもらったんです（笑）。その瞬間をぜひ観てもらいたいですね」

小栗 旬さんとは一生、一緒に仕事をしていきたい

——今作には、『王子辞典』の1冊目にも出演していただいた**小栗 旬**さんも、出演されています。本当にどんな役にも染まれる方ですよね。

「僕、小栗 旬さんが大好きなんですよ。役者として一番好きなんです」

——そうなんですね！

「同じ年齢ということもあり、昔から〝すごい人がいるな〟と思っていて。ようやく一緒に仕事ができたときは、本当に嬉しかったですね。そのときに、『監督は、一生エンタメ作品を作り続けられる人だ』って言ってくれたんです。さらに『僕がスランプになったら、引き上げてください。監督がスランプになったら、僕が引き上げます』と言ってくれたんです。……もう、惚れちゃいますよね。一生、一緒に仕事をしていきたいと思いました」

——もし、今あらためて小栗さんと一緒に作るとしたら、どんな映画を作りたいですか？

「アクション映画を撮りたいです。たとえば、『ミッション：インポッシブル』のトム・クルーズのように、これから何年たっても、何十年たっても走り続けて激しいアクションをしているような小栗 旬さんを撮ってみたいですね」

胸キュン映画は厳しい目で観てほしい

——では最後に、監督から読者へのメッセージをお願いします。

「胸がキュンとする映画って、時代とともに変わっていくもの。だからこそ、今現在、〝とりあえず壁ドンを入れればいいや〟という作品に喜ぶお客さんは誰もいないと思うんですよ。〝これをやっておけばいいだろう〟という思いが作品のなかに透けて見えると、お客さんは冷めてしまうんです。なので、みなさん、厳しい目で観てもらっていいと思いますよ。〝もっと楽しませて〟という声をあげれば、演じる側も、僕ら監督側も頑張れますし、もっと知恵を絞って、さらに面白いものを作ろうと思えるんですよ。そこで、いいと思うものに出会えたら、とことん愛でてほしいと思います。その先に、また新しいみんながキュンとできるものが生まれるんじゃないかなと僕は思っています」

Profile

つきかわ・しょう

1982年生まれ。2011年に映画『きっかけはYOU！』で監督デビュー。『黒崎くんの言いなりになんてならない』『君の膵臓をたべたい』『となりの怪物くん』『センセイ君主』など、多くのヒット作品を手がける。

Tsukikawa Sho

{ 2018年版 }

好きな王子様♡ランキング

気ままな女子の願望を満たす“NEW WAVE”を知るべく、
編集部が市場調査を実施。
ランキングで1位に選ばれた王子のなかで、とくに注目の4名を本書のグラビアでもご紹介!
“私たちにとっての理想の王子”を、みんなでとことん語りあおう。

付きあいたい王子

1 伊藤健太郎
2 竹内涼真
3 間宮祥太朗
4 竜星 涼
5 太賀

デート中に気を遣って笑わせてくれそうな竜星さん、危なさと優しさの両面を感じる間宮さん、ミステリアスさに心を持っていかれる健太郎くんなど、想像力をかきたてる個性派の名前も。ひと筋ではいかない恋にドキドキしながら全力で恋わずらいがしたい!

結婚したい王子

1 中川大志
2 鈴木伸之
3 竹内涼真
4 マリウス葉
5 工藤阿須加

一緒に年齢を重ねるとなると、絶対的な優しさと誠実さ、安心できる家庭環境が必要。『花のち晴れ〜花男 Next Season〜』で“馳 天馬”を演じた中川くんや、『過保護のカホコ』でヒロインの両親にまっすぐ向き合う役を演じた竹内涼真さんが納得のランクイン。

エスコートされたい王子

1 中島健人
2 中川大志
3 永瀬 廉
4 新田真剣佑
5 神宮寺勇太

椅子から立ち上がるときに自然と手を添えてくれそうな“ザ・王子”の中島健人さん、“国民的彼氏”として絶対的な信頼を得る神宮寺くんなど、彼らに気遣われ、姫扱いされたい女子が多数。これからの成長が楽しみな永瀬 廉くんもランクイン!

抱き捨てられたい王子

1 佐藤 健
2 菅田将暉
3 成田 凌
4 山﨑賢人
5 菊池風磨

本気じゃないことはわかってる。それでも一緒にいたい! ひと晩だけでもいい! そんな純粋な思いがゆえ、そのあと連絡が取れなくなっても、一緒にいた時間を思い出して「いい経験だったから仕方ないよね……」と浸りたくなる魔性の5名が選出。

貢ぎたい王子

1 吉沢 亮
2 志尊 淳
3 坂口健太郎
4 佐野勇斗
5 白濱亜嵐

彼らがホストをしている店があったら、破産を覚悟して喜んで通う! その美しさを維持するのが私の役目だから……。そんな錯覚のなか、生活までも支えたいと願う女子が大量発生すること間違いなし。美しいって罪! 望まれるならお金も払う。とにかく貢ぐ!

ひれ伏したい王子

1 菅田将暉
2 新田真剣佑
3 市川染五郎
4 吉沢 亮
5 白濱亜嵐

彼の言うことには絶対服従! 見放されたくない一心で、全国の女子が簡単に尽くしてしまいそうな5名が勢ぞろい。彼らに耳もとで優しく命令されたら……どんなことでもやってあげるに決まってる! 美しさのなかにオリジナリティが潜む個性派に女子は弱い。

育てたい王子

1 城 桧吏
2 佐野勇斗
3 望月 歩
4 佐藤勝利
5 中尾暢樹

いざ自分の扶養下に入ったら、彼らの美しさを保てる自信はないが、毎日そのお顔を見て健康に育つよう見届けたい。なつっこい印象が強いこの5名に懇願されたら、なんでも買い与えてしまいそう……！ もし彼女を連れてきたら、認める自信はない。

束縛されたい王子

1 小関裕太
2 坂口健太郎
3 高杉真宙
4 藤井流星
5 岩橋玄樹

ものすごく優しくて余裕がありそうなのに、「どこにいるの？」「誰といるの？」と連絡してくる心配性でマメな彼。鬼電もむしろ嬉しい、狂気さえ感じるほどの愛を注いでほしい5名が選出。美しさの裏に隠されたドキッとする大胆さと独占欲に引きこまれそう。

部下・後輩にしたい王子

1 葉山奨之
2 山田裕貴
3 小関裕太
4 岸 優太
5 磯村勇斗

山田さん、小関さん、磯村さんのように頼りになりそうな部下と、岸さん、葉山くんのような愛されキャラに二分化。どんなブラック企業だとしても、こんな後輩や部下がいたら残業もへっちゃら。なんなら休日出勤もOK！“一企業一王子”を今すぐ推奨する。

いじりたい王子

1 平野紫耀
2 神木隆之介
3 佐藤寛太
4 葉山奨之
5 松島 聡

度を越した天然発言に心奪われる平野くんが栄えある第1位。少々おバカで愛らしいからこそ、たまにちょっかいを出して「なんだよ〜」って言われたい。時折見せるふとした真剣な顔に完全にノックアウト。そんなギャップを持つ彼らに夢中。

同棲したい王子

1 北村匠海
2 小瀧 望
3 竜星 涼
4 鈴木伸之
5 村上虹郎

結婚する予定はないし、結婚してくれるかどうかはわからないけど親友同士のような同棲生活を送れそうな5名がランクイン。家に帰るのが楽しくなりそうだけど、ふたりの関係性や将来を考えるとちょっぴり不安も。そんな恋愛の醍醐味に翻弄されながら暮らしたい。

冷たくされたい王子

1 千葉雄大
2 佐藤 健
3 伊野尾 慧
4 山﨑賢人
5 古川雄輝

甘いマスクに誘惑されて近づくと、他の女の子には優しいのに、ふと一歩踏みこんだ瞬間冷たくされてしまう。そんな瞬間に思わずグッとくるM気の女性全員をトリコにする名前がズラリ。付きあっても、本心は永遠にわからなそうなところがたまらない。

初恋の相手にしたい王子

1 望月 歩
2 高杉真宙
3 伊藤健太郎
4 坂口健太郎
5 鈴木伸之

小学校から中学校にかけてずっと想い続けていたけど、告白はできずにそのまま大人に。一生に一度の特別な初恋の相手と成人式で再会して、また好きになってしまう……。そんな甘酸っぱいワクワクやときめきを与えてくれそうな彼らは、永遠の理想の恋人！

同じマンションに住みたい王子

1 松坂桃李
2 吉沢 亮
3 佐藤 健
4 成田 凌
5 宮沢氷魚

名前も知らないけど、たまに見かけるだけでテンションが爆上がりするあの人。“会えたらラッキー”なんて思いながら、たまにゴミを捨てる時間や通勤時間がかぶって、挨拶をするだけでいい……。付きあうなんてできないけど、すれ違う偶然を毎日楽しみたい。

私たちの王子分布図

白王子と黒王子の分類

Chart of Prince

ここでは30歳以下の王子様を白王子と黒王子に分類。
ルックスを左右の座標、性格を上下の座標であらわして見てみよう!
あなたはどのあたりの王子様に惹かれる?

Chart of Prince

{ 私たちの王子分布図 }

体育会系と文化系の分類

Chart of Prince

あらゆる王子様を体育会系と文化系に分類してみよう!
30歳以下を条件に、ルックスを左右の座標、
性格を上下の座標であらわしてみたら、理想の王子様の傾向が見えてくるかも。

あとがき

『王子辞典 The NEW WAVE』を読んでくださったみなさん、ご自身の内にある〝イケメン欲〟は満たされたでしょうか。

前々作の同シリーズ『王子辞典』から11年、前作の『王子辞典REVOLUTION』から8年。時代の流れとともに王子の顔ぶれも一新され、次から次へと〝NEW WAVE〟が押し寄せています。

辞典で紹介した106名は、今を駆け抜ける12〜22歳のニューホープたち。ティーンエイジャーの中心で注目を浴び、ティーンから大人へと目覚ましい変貌をとげる彼らは、世の女性たちにときめきを与え、男性たちの嫉妬心をあおるほどまぶしい存在。

「この子見たことあるけど、あの作品にも出ていたんだ！」という発見や〝お気に入りの王子探し〟を楽しんでいただけるよう、編集部一同尽力しました。

「こんな人がそばにいてくれたら……！」「陰から見ているだけで十分……（ウットリ）。」というように、王子に求めるもの、理想の王子様像は人それぞれ。

共通するのは、大前提としていつの時代も王子様が〝必要不可欠〟であるということ。仕事で疲れが溜まっているとき、気持ちが落ちこんでいるとき、良いことがあったとき、楽しいことを求めているとき、まっすぐ夢を追いかけながら輝きを放って活躍する王子たちの姿は、私たちの心を絶えず癒し、躍らせてくれるものです。

本書で見つけた王子を、映画やテレビドラマ、舞台、お笑い、マンガなどのあらゆるフィールドで追いかけていただくことを全力でオススメします。

「誰かを応援する気持ち」や「見るだけで笑顔になる人（キャラクター）がいる安心感」は、私たちの活力となり、心に潤いを与えてくれるはず。

1ページめくるたびに王子と目をあわせ、彼らに思いを馳せる至福のひとときをたっぷりとご堪能ください。

次なる〝NEW WAVE PRINCE〟に期待を寄せる一冊となっていますように。

『王子辞典 The NEW WAVE』編集部

編　　集　竹村真奈（タイムマシンラボ）
成澤真悠子（タイムマシンラボ）
野口理恵

執　　筆　吉田可奈
成澤真悠子（タイムマシンラボ）
車 寅子（タイムマシンラボ）
野口理恵

デザイン　渋井史生（PANKEY inc.）

写　　真　飯田かずな

カバーモデル　中川大志
ヘアメイク　及川美紀
スタイリスト　内田あゆみ（creative GUILD）

王子辞典 The NEW WAVE

2018年10月24日　第1刷発行

編　　著　タイムマシンラボ

発 行 人　岡 聡

発 行 所　株式会社太田出版
東京都新宿区愛住町22第3山田ビル4階
太田出版HP　http://www.ohtabooks.com/
TEL　03-3359-6262
FAX　03-3359-0040
振替　00120-6-162166

印刷・製本　中央精版印刷株式会社

ISBN978-4-7783-1645-7 C0076